Spoken Greek

Spoken Greek

Second Edition

Evris Tsakirides

Ann Arbor

THE UNIVERSITY OF MICHIGAN PRESS

Contents

A	α	álfa		N	ν	nee
B	β	veéta		Ξ	ξ	xee
Γ	γ	gháma		O	o	ómikron
Δ	δ	dhélta		Π	π	pee
E	ε	épsilon		P	ρ	ro
Z	ζ	zeéta		Σ	σ,ς	seéghma
H	η	eéta		T	τ	taf
Θ	ϑ	theéta		Y	υ	eépseelon
I	ι	ghióta		Φ	φ	fee
K	κ	kápa		X	χ	khee
Λ	λ	lámdha		Ψ	ψ	psee
M	μ	mee		Ω	ω	omégha

SUGGESTIONS FOR USING "SPOKEN GREEK" IN THE CLASSROOM

This textbook can be used in a variety of ways depending on the goals of the course, the time availability and various other factors. Therefore, the suggestions that follow should not be seen as a rigid program to be applied at all times, but rather as a set of possible strategies for the teacher to choose from, according to the needs of the class. Note that in addition to these suggestions, the textbook provides a number of grammar exercises and sets of questions for conversation.

1. TEACHER PRESENTATION

The teacher (T) reads a new page slowly and offers translations as needed. Students (STS) copy these in pencil on the textbook page or on a separate sheet of paper. Following this, the T allows a few minutes for silent study of the page. Then s/he rereads the page and asks STS to repeat after him/her; in doing so, the T separates longer sentences into smaller units to facilitate repetition. Then s/he reads the page once again by him/herself without requesting repetition. This time s/he uses slightly faster speed, bringing the STS a little closer to the speed of authentic, native Greek.

2. DIALOGUE ROLE-PLAY

Whenever the pages include dialogues, which is very often the case, STS are divided into pairs and read the dialogues aloud while alternating the roles of the two speakers. If the page offers substitutions to the original dialogue (e.g., in the lower part of p.5), the two partners create different versions of the original dialogue as indicated by the substitutions.

3. TRANSLATION QUESTIONS, COMPREHENSION QUESTIONS

The T asks translation questions, e.g., "What does WORD X mean?" and comprehension questions, e.g., "How much does the pastry cost?"

4. EXTENDING TO THE REAL/PERSONAL LEVEL

The T extends from the material of the page to the STS' real environment. E.g., if the page is about food prices in Athens, what about food prices in the STS' city of residence? Or the T can extend from the material of the page to the STS' personal world. E.g., if the page is about the relatives of a fictional textbook character, what about the relatives of the STS themselves? When extending to the real/personal level, the T offers new words on the board as needed. S/he can also keep notes from such a discussion on the board, and later request that STS write a summary of the discussion by looking at the notes written on the board.

5. COLORING

STS are asked to bring colored pencils to class. The T can now guide them to color the illustrations of a certain page. This means that the T does a lot of talking, and the STS simply follow directions and color accordingly. E.g., "The waiter has a green shirt, okay? Take your green pencil and put some green color on the waiter's shirt. Did you make it green? Good. Now, what else is green in our picture? What about the salad on the other table?" and so on. Coloring requires the knowledge of words from the text of the page in question, but also the knowledge of the colors, certain parts of the body, and cetain articles of clothing. So, again the T may have to write some of these extra words on the board. As STS are coloring, s/he should walk around and make sure that they are following directions accurately. Finally, the T can invite individual STS to give suggestions for coloring to the whole class. E.g., T: "What color should the table be? What do you think,Alex?".ALEX: "Red". T:"Alright then. Class, let's put a little red on the table."

6. COVERING FOR SPEAKING AND/OR WRITING

STS use a sheet of paper to cover words corresponding to a series of pictures (e.g., lower part of p. 5), and then try to remember the covered words, say them and/or write them by looking only at the pictures. Or, when a major illustration is provided for a dialogue (e.g., upper part of p. 5), STS cover the dialogue and write a similar dialogue while looking only at the illustration and following its visual cues. The T could help STS in their attempt to write by listing a few of the most important words of the original dialogue on the board, e.g., for p. 5, s/he could give "Poso kani?" and "Oriste."

7. DICTATION/SCRAMBLE

The T asks for ST volunteers to dictate to him a dialogue or story from the textbook, one sentence per volunteer. As they do so, the T writes the dictated sentences on the board, but places them in a random order, not in the original correct order. Now STS are asked to close their books and rewrite the dialogue while looking only at the random order on the board. They must reconstruct the dialogue/story in the original correct order or, if they find an alternative order, that order would have to make sense before it is accepted by the T.

8. FROM DIALOGUE TO PROSE

During this activity, the T talks about a dialogue in prose style. E.g., for p. 39 the T could say, "Here we are at the grocery. There is a young lady who goes to the grocery and asks the grocer for a kilo of halva. He answers, 'Sure, young lady,' and gives it to her. Then he asks if she wants anything else. She says that she also wants half a kilo of sugar," and so on. During all this the T gives needed new words on the board, e.g., "asks" or "answers." When the story-telling is over, the T writes the same story on the board for STS to copy in their notebooks. E.g.:

AT THE GROCERY
A young lady goes to the grocery and asks for a kilo of halva, half a kilo of sugar and a quarter kilo of olives. The grocer gives her these groceries, adds the prices, and then tells her that they cost one hundred and twenty drachmas. She gives him a five hundred drachma bill, and he gives her back three hundred and eighty drachmas change. She thanks him and leaves.

If the class is advanced enough, this activity can be changed as follows: After the T is finished with the story-telling, ST volunteers can dictate back to the T the same story sentence by sentence. The T writes the story on the board and STS copy it in their notebooks.

9. A GENERAL NOTE ON CORRECTION

While all grammar exercises should be corrected, we suggest that the T does not correct grammatical or spelling errors every time STS try to say or write a sentence of their own creation, provided that s/he understands WHAT the STS are saying. E.g., when they talk about their own relatives (see suggestion #4 above) or when they write a semi-original dialogue while looking at an illustration (see suggestion #6 above). In this fashion, STS will be encouraged toward FLUENCY, while grammar exercises and continual exposure to the accurate Greek of the T and the textbook will contribute to their eventual acquisition of ACCURACY.

1

Vowels

The vowels and the consonants on pages 2 and 3 are not presented in alphabetical order, but rather as groups of sounds. For the Greek alphabet, see p.16.

Pronounce the vowels:

A	α	... p<u>a</u>rk
E , AI	ε , αι	... J<u>e</u>rry
I , H , Y*	ι , η , υ	} ... s<u>ee</u>k
EI , OI	ει , οι	(or weaker if unstressed)
O , Ω	ο , ω	... p<u>o</u>rt
OY	ου	... z<u>oo</u>

Note: When a two-letter vowel is accented, the accent must appear on the second of the two letters (e.g., Μαίρη, οφείλω).

* Y, as a consonant, will be pronounced as /f/ or /v/ after the vowels A or E. Thus, AY=ΑΦ or ΑΒ and EY=ΕΦ or ΕΒ.

M	μ	...	m<u>oo</u>n
N	ν	...	moo<u>n</u>
T	τ	...	<u>t</u>oy
K	κ	...	<u>k</u>ite
Π	π	...	<u>p</u>ay
Σ	σ, ς*	...	<u>s</u>ay**
ΤΣ	τσ	...	oa<u>ts</u>
Ξ	ξ	...	oa<u>ks</u>, fo<u>x</u>
Ψ	ψ	...	li<u>ps</u>
Z	ζ	...	<u>z</u>oo
Θ	ϑ	...	<u>th</u>under
Δ	δ	...	<u>th</u>en
Λ	λ	...	<u>l</u>east
Φ	φ	...	<u>f</u>or
B	β	...	<u>v</u>ery
P	ρ	...	th<u>r</u>ee
Γ	γ	...	(gh)
X	χ	...	(kh)
ΜΠ	μπ ***	...	<u>b</u>ravo OR em<u>b</u>assy
ΝΤ	ντ ***	...	<u>d</u>oor OR An<u>d</u>y
ΓΚ	γκ ***	...	<u>g</u>arment OR E<u>ng</u>lish
ΓΓ	γγ ***	...	E<u>ng</u>lish
ΤΖ	τζ	...	ro<u>ds</u>

Form syllables by combining each of

the consonants on p. 3 with each of the vowels, for example: **MA, NA, TA,** etc., or: **ME, NE, TE,** etc. Pronounce these syllables.

* The <u>ς</u> appears only at the end of words.

** OR /<u>z</u>/ as in <u>z</u>oo if <u>Σ</u> is followed by B, Γ, Δ, Z, M, N, Λ .

*** <u>ΜΠ</u>, <u>ΝΤ</u> and <u>ΓΚ</u> can have alternative readings.
        In the beginning of a word, they are always pronounced as /b/, /d/, /g/. In the middle of the word, they are often pronounced as /mb/, /nd/, /ng/. Note, however, that <u>ΓΓ</u> has only one reading: /ng/.

ΔΙΑΒΑΣΤΕ:

A.

1 ΕΝΑ   *2* ΔΥΟ   *3* ΤΡΙΑ   *4* ΤΕΣΣΕΡΑ   *5* ΠΕΝΤΕ

6 ΕΞΙ   *7* ΕΠΤΑ   *8* ΟΚΤΩ   *9* ΕΝΝΕΑ   *10* ΔΕΚΑ

11 ΕΝΔΕΚΑ   *12* ΔΩΔΕΚΑ   *13* ΔΕΚΑΤΡΙΑ   *14* ΔΕΚΑΤΕΣΣΕΡΑ   *15* ΔΕΚΑΠΕΝΤΕ

B.

1.
Η ΚΑΡΕΚΛΑ
ἡ καρέκλα

2.
ΤΟ ΒΙΒΛΙΟ
τὸ βιβλίο

3.
ΤΟ ΨΩΜΙ
τὸ ψωμί

4.
ΤΟ ΝΕΡΟ
τὸ νερό

5.
Η ΤΣΑΝΤΑ
ἡ τσάντα

6.
Η ΠΑΣΤΑ
ἡ πάστα

7.
ΤΟ ΚΛΕΙΔΙ
τὸ κλειδί

8.
ΤΟ ΠΑΓΩΤΟ
τὸ παγωτό

ΕΡΩΤΗΣΕΙΣ.

APANTHΣTE: Ναί / Όχι

Τὸ νερό εἶναι στὸ τρία;

Τὸ παγωτό εἶναι στὸ οκτώ;

Τὸ κλειδί εἶναι στὸ δύο;

Η καρέκλα εἶναι στὸ ἕνα;

ΑΠΑΝΤΗΣΤΕ ΜΕ ΑΡΙΘΜΟ

Ποῦ εἶναι τὸ ψωμί; ... Στὸ τρία ἤ στὸ τέσσερα;

Ποῦ εἶναι ἡ τσάντα; ... Στὸ ἕξι ἤ στὸ πέντε;

Ποῦ εἶναι ἡ πάστα; ... Στὸ ἕξι ἤ στὸ επτά;

Ποῦ εἶναι τὸ βιβλίο; .. Στὸ οκτώ ἤ στὸ δύο;

A. ΔΙΑΒΑΣΤΕ:

-Χαίρετε...Τι κάνετε;
-Πολύ καλά, ευχαριστώ.
 Εσείς;
-Ἔ, ἄς τά λέμε καλά.
-Τι θέλετε;
-Ἕνα γάλα, σάς παρακαλώ,
 θά ήθελα.
-Μάλιστα...Ορίστε!
-Πόσο κάνει;
-Δέκα (10).

B. ΚΑΝΕΤΕ ΔΙΑΛΟΓΟΥΣ ΜΕ ΤΙΣ ΑΛΛΑΓΕΣ 2,3,...ΚΑΙ ΔΙΑΒΑΣΤΕ.
(For example, in #2 Ἕνα γάλα will become Ἕνα γιαούρτι; Δέκα will
become Ἕντεκα. Similar
substitutions will occur in #3 → #8).

ΑΛΛΑΓΕΣ: **

1. (10)
Ἕνα γάλα
Δέκα

2. (11)
Ἕνα γιαούρτι
Ἕντεκα

3. (12)
Ἕνα παγωτό
Δώδεκα

4. (13)
Ἕνα βούτυρο
Δεκατρείς

5. (14)
Μία λεμονάδα
Δεκατέσσερις

6. (9)
Μία τυρόπιτα
Εννεα

7. (21)
Μία πάστα
Είκοσι μία

8. (30)
Μία μπίρα
Τριάντα

Δ -Ξένος φίλε; Ξένος;

Μ -Από τήν Αγγλία.

Δ -Αγγλία, έ; Πώς σέ λένε;

Μ -Μάρκ. Εσένα;

Δ -Δημήτρη.

Ν -Βρέ, Δημήτρη!

Δ -Γειά σου, Νικολάκη!

    Τί κάνεις;

Ν -Καλά. Ησυχία. Εσύ;

Δ -Έ, άς τά λέμε καλά.

Ν -Τό...παιδί ξένος;

Δ -Εγγλέζος.

    Αλλά ΜΙΛΑΕΙ Ελληνικά.

Content:

A.

-Ταξί!

-Στήν Κυψέλη, παρακαλῶ.
 Τήνου δέκα (10).
-Μάλιστα.

.....

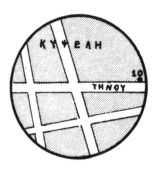

ΣΕ ΛΙΓΟ...

-Ἄ, εδώ είμαστε. Εντάξει. Τί οφείλω;

-Πενήντα (50).

-Ορίστε.

-Ευχαριστώ πολύ.

-Παρακαλώ. Χαίρετε.

Γ. ΜΑΘΗΤΗΣ/ΜΑΘΗΤΡΙΑ:

Εγώ μένω

_____

_____

B.   Νίκος Οικονόμου

Παγκράτι

Γιώργος Πλατής

Κυψέλη

-Πώς λέγεστε;

-Νίκος Οικονόμου. Εσείς;

-Γιώργος Πλατής.

-Χαίρω πολύ.

-Χαίρω πολύ.

-Πού μένετε;

-Στήν Κυψέλη. Εσείς;

-Εγώ μένω στό Παγκράτι.

ΣΤΟ ΑΕΡΟΔΡΟΜΙΟ...

-Συγνώμη, τί ὥρα ἔχετε;

-Ἐπτά ἀκριβώς.

-Τί ὥρα ἔρχεται τό ἀεροπλάνο

 ἀπό τό Παρίσι; Ξέρετε;

-Στίς ἐπτάμισι,

 νομίζω.

ΑΛΛΑΓΕΣ:

1.	2.	3.	4.	5.
7.00	8.00	9.00	10.00	11.00
7.30	8.30	9.30	10.30	11.30
Ἐπτά	Ὀκτώ	Ἐννιά	Δέκα	Ἕντεκα
ἐπτάμισι	ὀκτώμισι	ἐννιάμισι	δεκάμισι	ἐντεκάμισι

6.	7.	8.	9.	10.
12.00	1.00	2.00	3.00	4.00
12.30	1.30	2.30	3.30	4.30
Δώδεκα	Μία	Δύο	Τρείς	Τέσσερις
δωδεκάμισι	μιάμιση	δυόμισι	τρεισήμισι	τεσσερισήμισι

A.

B.

Γ.

-Πῶς τὸ λέν αὐτό
στὰ Ελληνικά;
-<u>Καρέκλα</u>.

-Τί θὰ πεῖ
<u>"καρέκλα"</u>;
-<u>Chair</u>.

-Πῶς θὰ πεῖ
<u>"chair"</u>;
-<u>Καρέκλα</u>.

ΑΛΛΑΓΕΣ (Α, Β, Γ):

1.   2.   3.   4.   5.   6.   7.   8.

καρέκλα   βιβλίο   ψωμί   νερό   μπίρα   τσάντα   παγωτό   κλειδί

Δ.

-Βλέπω... μιλάς Ελληνικά!

-Ε, λίγα... ΠΟΛΥ λίγα.

-Μπράβο, γιατί;

 Καλά τά μιλάς.

 Από πού είσαι; Εγγλέζος;

-Ναί, από τήν Αγγλία.

-Μάλιστα... Κι εγώ μιλάω

 κάτι λίγα Εγγλέζικα,

 πεντ-έξι πράγματα δηλαδή...

ΑΛΛΑΓΕΣ:

1.	2.	3.	4.

Εγγλέζος	Γερμανίδα	Γαλλίδα	Αμερικάνος
τήν Αγγλία	τήν Γερμανία	τήν Γαλλία	τίς Ηνωμένες Πολιτείες
Εγγλέζικα	Γερμανικά	Γαλλικά	Εγγλέζικα

14

A. ΔΙΑΒΑΣΤΕ:

1.
ΤΟ ΣΠΙΤΙ
τό σπίτι

2.
ΤΟ ΔΩΜΑΤΙΟ
τό δωμάτιο

3.
ΤΟ ΚΡΕΒΑΤΙ
τό κρεβάτι

4.
Η ΠΟΛΗ
η πόλη

5.
ΤΟ ΧΩΡΙΟ
τό χωριό

6.
Ο ΔΡΟΜΟΣ
ο δρόμος

7.
Ο ΓΙΑΤΡΟΣ
ο γιατρός

8.
Ο ΠΑΠΑΣ
ο παπάς

9.
Η ΝΟΙΚΟΚΥΡΑ
η νοικοκυρά

10.
Η ΓΡΑΜΜΑΤΕΥΣ
η γραμματεύς

B. ΕΡΩΤΗΣΕΙΣ.

ΑΠΑΝΤΗΣΤΕ ΜΕ ΑΡΙΘΜΟ

α. Πού είναι τό σπίτι;... Στό ένα ή στό δύο;

β. Πού είναι ο δρόμος;... Στό πέντε ή στό έξι;

γ. Πού είναι η πόλη;.... Στό τρία ή στό τέσσερα;

δ. Πού είναι τό κρεβάτι; Στό τρία ή στό δέκα;

ΑΠΑΝΤΗΣΤΕ: Ναί ή Όχι

ε. Τί είναι στό πέντε;... Τό χωριό;

ζ. Τί είναι στό τέσσερα; Τό δωμάτιο;

η. Τί είναι στό έξι;.... Ο δρόμος;

θ. Ποιός είναι στό οκτώ; Ο παπάς;

ι. Ποιός είναι στό επτά; Ο γιατρός;

κ. Ποιά είναι στό δέκα; Η γραμματεύς;

λ. Ποιά είναι στό εννέα; Η νοικοκυρά;

A.   ΔΙΑΒΑΣΤΕ:

1.	2.	3.	4.	5.
Η ΕΛΛΑΔΑ*	Η ΑΓΓΛΙΑ	Η ΑΜΕΡΙΚΗ	ΤΑ ΕΛΛΗΝΙΚΑ**	ΤΑ ΑΓΓΛΙΚΑ
η Ελλάδα	η Αγγλία	η Αμερική	τά Ελληνικά	τα Αγγλικά

6.	7.	8.	9.
Ο ΚΥΡΙΟΣ ΜΑΚΡΗΣ	Η ΚΥΡΙΑ ΜΑΚΡΗ	Ο ΚΥΡΙΟΣ ΚΛΑΡΚ	Η ΔΕΣΠΟΙΝΙΣ ΣΜΙΘ
ο κύριος Μακρής	η κυρία Μακρή	ο κύριος Κλάρκ	η δεσποινίς Σμιθ
(Έλληνας)	(Ελληνίδα)	(Αμερικανός)	(Αμερικανίδα)

B.   ΕΡΩΤΗΣΕΙΣ

ΑΠΑΝΤΗΣΤΕ: Ναί ή Όχι

α. Ο κύριος Μακρής είναι Έλληνας;

β. Η κυρία Μακρή είναι Αμερικανίδα;

γ. Η δεσποινίς Σμιθ είναι Ελληνίδα;

δ. Ο κύριος Κλάρκ είναι Αμερικανός;

ΑΠΑΝΤΗΣΤΕ ΜΕ ΛΕΞΙ

ε. Τί είναι στό δύο;.... Η Ελλάδα ή η Αγγλία;

ζ. Τί είναι στό τρία; . ...Η Αμερική ή η Ελλάδα;

η. Τί είναι στό τέσσερα; Τά Ελληνικά ή τά Αγγλικά;

θ. Ποιός είναι στό έξι; Ο Έλληνας ή ο Αμερικανός;

ι. Ποιά είναι στό εννέα; Η Ελληνίδα ή η Αμερικανίδα;

* -Η Ελλάδα είναι χώρα. / ** -Τά Ελληνικά είναι γλώσσα.

16

THE GREEK ALPHABET   ___; = GREEK QUESTION MARK
                                                        ___· = GREEK SEMICOLON

Α	α	ἀλφα		Ν	ν	νἰ
Β	β	βήτα		Ξ	ξ	ξἰ
Γ	γ	γάμα		Ο	ο	ὀμικρον
Δ	δ	δέλτα		Π	π	πἰ
Ε	ε	ἐψιλον		Ρ	ρ	ρὀ
Ζ	ζ	ζήτα		Σ	σ	σἰγμα
Η	η	ἠτα		Τ	τ	ταὐ
Θ	ϑ	ϑήτα		Υ	υ	ὐψιλον
Ι	ι	γιώτα		Φ	φ	φἰ
Κ	κ	κάπα		Χ	χ	χἰ
Λ	λ	λάμδα		Ψ	ψ	ψἰ
Μ	μ	μἰ		Ω	ω	ωμέγα

ΔΙΑΒΑΣΤΕ:

A.

Πάπι	Κίκου	Τίτα	Μέμη	Σώσει
Βάβο	Γάγε	Δάδα	Νίνα	Ζαίζοι
Φάφε	Χάχε	Θάθου	Λέλα	Ξοίξαι
Μπάμπη	Γκάγκα	Ντάντυ	Ρώροι	Ψαίψε
				Τσούτσου
				Τζίτζα

B.

Μαίρη	μπορεί	αυτοί
φαΐ	τρόλεϊ	προϊόν
τσάι	Τζέιμς	ρολόι

Γ. τό<u>ν</u>/τή<u>ν</u>

Ξέρω..... τό<u>ν</u> Άκη , τή<u>ν</u> Ελένη   (<u>n</u> audible before VOWELS.)

... τό<u>ν</u> Βάσο, τή<u>ν</u> Θάλεια   (<u>n</u> tends to be inaudible before

CONTINUANT CONSONANTS.) *

τό<u>ν</u> Πέτρο, τό<u>ν</u> Κώστα, τή<u>ν</u> Τούλα   (<u>n</u> joins with following PLOSIVE
    mb   ng   nd

CONSONANTS to produce

τό<u>ν</u> ψηλό   τό<u>ν</u> ξέρω   τή<u>ν</u> τσάντα   sound combinations.)
    mbz   ngz   ndz

* Though the <u>ν</u> of τόν, τήν is sometimes inaudible, SPOKEN GREEK
retains it in all cases so as to facilitate gender distinctions
between masculine and neuter (τόν Βάσο — τό βάζο).

ΝΑ ΜΙΛΗΣΟΥΜΕ ΛΙΓΑΚΙ;

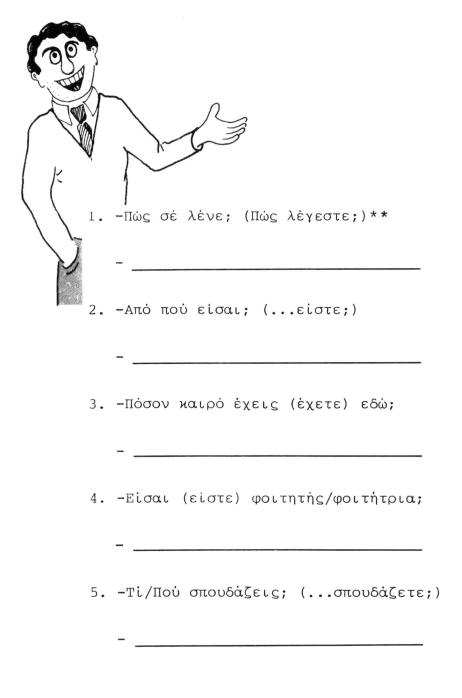

ΒΟΗΘΕΙΑ! *
Τι θά πει "λιγάκι";
Πώς θά πει "month";

1. –Πώς σέ λένε; (Πώς λέγεστε;)**

  – _____

2. –Από πού είσαι; (...είστε;)

  – _____

3. –Πόσον καιρό έχεις (έχετε) εδώ;

  – _____

4. –Είσαι (είστε) φοιτητής/φοιτήτρια;

  – _____

5. –Τί/Πού σπουδάζεις; (...σπουδάζετε;)

  – _____

** Formal alternatives in parentheses.

* In such "ΒΟΗΘΕΙΑ!" sections the teacher will provide new words that the students may need in order to understand and then respond to the questions asked.

After s/he provides oral explanations, we suggest that students divide themselves into pairs and interview one another on the given questions. The teacher will help each pair individually. Every student will thus prepare an oral report about his/her partner's responses for the rest of the class (i.e. X says that... = X λέει ότι...). Oral reports are presented and comprehended by all students through the teacher's oral translation, when necessary. As a last step, the teacher writes new words and phrases on the board for the students to copy.

If the number of students is too large, only a few reports will be heard each time.

2

20

-Πού είναι τό σπίτι; Μακριά;

-Όχι, όχι. Πάμε από 'δώ, αριστερά.

 Εδώ κοντά είναι. Φτάσαμε.

-Δέν έχει καί σκιά...Μέσ' στόν ήλιο...

-Ά, νά τό σπίτι. Εκεί πού λέει "Δωμάτια".

-Ζέστη σήμερα!

-Ορίστε;

-Ζέστη, λέω, ζέστη.

-Ά, ναί, πολλή ζέστη. Σκάσαμε!

A. Τί οδό...; (ΔΙΑΛΕΞΤΕ)

1. Τί οδό   Νίκο ;
     μένεις

           Άννα ;

          κύριε Νίκο;
   μένετε   κυρία Άννα;

          δεσποινίς Λίνα;

Κλεοβούλου 1 (ένα)*. Στόν Νέο Κόσμο.

Ελευσίνος 2 (δύο). Στήν Καισαριανή.

Πρατίνου 3 (τρία). Στό Παγκράτι.

Τήνου 4 (τέσσερα). Στήν Κυψέλη.

B. ΣΤΑΜΑΤΗΣΤΕ ΑΜΕΣΩΣ!

-Σέ ποιά πόλη μένετε;

-Στήν Αθήνα.

-Σέ ποιά περιοχή;

-Στήν Κυψέλη.

-Τί οδό;

-Τήνου.

-Τί αριθμό;

-Τέσσερα.

-Τί τηλέφωνο έχετε;

-Έξι σαράντα τρία - εννιά,

  τριάντα ένα. (643-931)

---

* "ένα, τρία, τέσσερα" for abstract numbers.

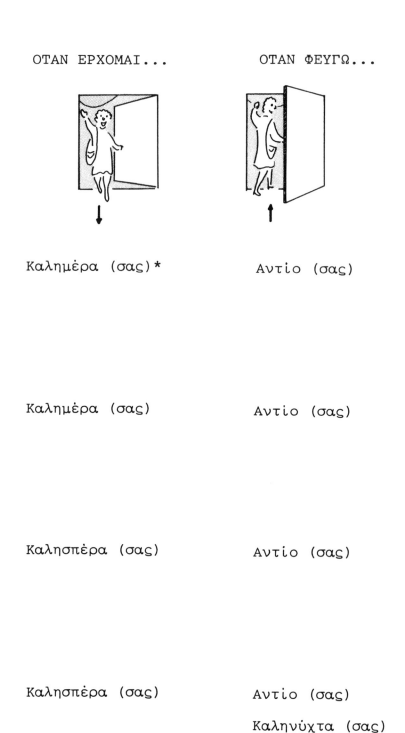

OTAN ΕΡΧΟΜΑΙ...   OTAN ΦΕΥΓΩ...

Τό πρωί
12.00 - 12.00

Καλημέρα (σας)*   Αντίο (σας)

Τό μεσημέρι
12.00 - 4.00

Καλημέρα (σας)   Αντίο (σας)

Τό απόγευμα
4.00 - 6.00

Καλησπέρα (σας)   Αντίο (σας)

Τό βράδυ
6.00 - 12.00

Καλησπέρα (σας)   Αντίο (σας)

Καληνύχτα (σας)

---

*σας is used to address: one person (formal), or
more than one person (plural).

ΠΡΟΣΟΧΗ: Greetings on this page should be used during
particular parts of the day except Αντίο, which, like
Γειά σου and Χαίρετε, is of a general character.

ΣΤΟ ΖΑΧΑΡΟΠΛΑΣΤΕΙΟ

A.

-Μάς φέρνετε
ένα φραπέ, ένα ζεστό Νές
κι ένα μέτριο;
-Ευχαρίστως.

B.   -Μού φέρνετε...

1. ένα ζεστό Νές μέ ζάχαρη καί γάλα

2. ένα τσάι χωρίς ζάχαρη, μέ γάλα

3. έναν Ελληνικό καφέ:

4. ένα βαρύγλυκο

5. ένα μέτριο

6. ένα σκέτο   ___

24

ΔΙΑΦΟΡΑ ΔΩΡΑ.

-Πόσο κάνει αυτό;

-Δέκα (10).

ΑΛΛΑΓΕΣ:

1.

Δέκα

2.
Είκοσι

3.

Τριάντα

4.
Σαράντα

5.
Πενήντα

6.

Εξήντα

7.

Εβδομήντα

8.
Ογδόντα

9.
Ενενήντα

10.
Εκατό

11.

Πεντακόσιες

12.

Χίλιες

13.

Δύο χιλιάδες

ΣΥΓΝΩΜΗ, ΜΗΠΩΣ... ;

-Συγνώμη, μήπως
υπάρχει ξενοδοχείο
εδώ κοντά;

-Βεβαίως, τό ξενοδοχείο
εδώ παρακάτω.
-Ά, μάλιστα. Ευχαριστώ.
-Παρακαλώ. Τίποτα.

ΑΛΛΑΓΕΣ:

1.

ξενοδοχείο
τό ξενοδοχείο

2.

πάρκο
τό πάρκο

3.

εστιατόριο
τό εστιατόριο

4.

φαρμακείο
τό φαρμακείο

5.

γαλακτοπωλείο
τό γαλακτοπωλείο

6.

πρακτορείο
τό πρακτορείο

Α. -Πως τον λεν αυτον;

    -Νικο.

Αυτόν τόν   .....

                              λέν(ε)

Β. -Πώς τήν λέν αυτήν;

    -Σούλα.

Αυτήν τήν   .....

Γ. -Πώς τό λέν αυτό

       στά Ελληνικά;

    -Καρέκλα.

Αυτό τό   .....

(Γ) ΑΛΛΑΓΕΣ:

1.   2.   3.   4.   5.   6.

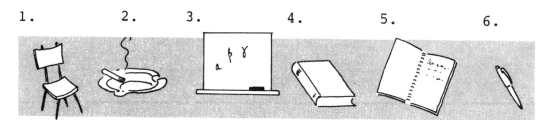

Καρέκλα   Τασάκι   Πίνακα   Βιβλίο   Τετράδιο   Στιλό

Δ.

1.
  -Πώς τό λέν αυτό;
  -Μμ... ένα λεπτό...
   Ά, γάλα!
  -Σ' αρέσει;
  -Ναί, πάρα πολύ.

2.
  -Πώς τό λέν αυτό;
  -Μπίρα, φυσικά.
  -Σ' αρέσει;
  -Όχι, καθόλου.

3.
  -Κι αυτό πώς τό λένε;
  -Αυτό εδώ; Μμ... τς...
   ένα λεπτό...Πώς τό λένε,
   πώς τό λένε...
  -Λογαριασμό!

ΣΤΟΝ ΣΤΑΘΜΟ

-Δέ μού λέτε, γιά <u>Λάρισα</u>

στίς <u>επτά</u> έχει τρένο;

-<u>Επτά καί πέντε</u> φεύγει.

-Ά, ωραία. Πέντε λεπτά έχουμε.

Μού δίνετε ένα εισιτήριο απλό,

παρακαλώ;

ΑΛΛΑΓΕΣ:

1. Λάρισα	2. Βόλο	3. Κόρινθο
7.00	7.10	7.20
7.05	7.15	7.25
επτά	επτά καί δέκα	επτά καί είκοσι
Επτά καί πέντε	Επτά καί τέταρτο	Επτά καί είκοσι πέντε

4. Κατερίνη	5. Καβάλα	6. Ξάνθη
7.30	7.40	7.50
7.35	7.45	7.55
επτάμισι	οκτώ παρά είκοσι	οκτώ παρά δέκα
Οκτώ παρά είκοσι πέντε	Οκτώ παρά τέταρτο	Οκτώ παρά πέντε

A.   Τί ώρα. . . έρχεται   περνάει   φεύγει   .....;

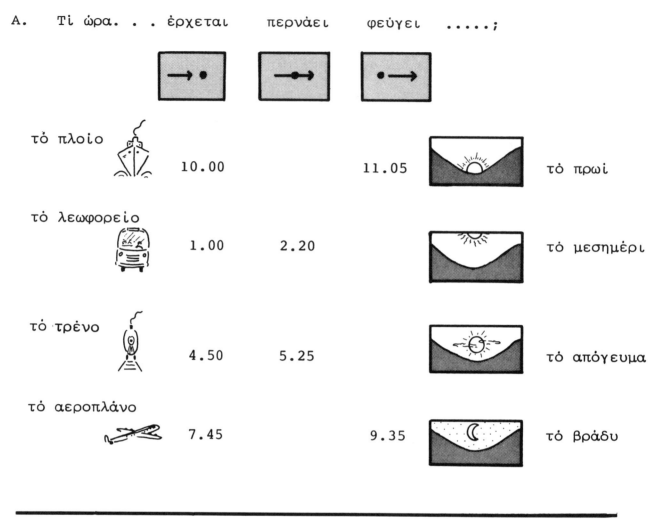

τό πλοῖο   10.00   11.05   τό πρωί

τό λεωφορεῖο   1.00   2.20   τό μεσημέρι

τό τρένο   4.50   5.25   τό ἀπόγευμα

τό ἀεροπλάνο   7.45   9.35   τό βράδυ

B.

ΔΗΛΑΔΗ:

1. -Τί ώρα έρχεται τό πλοῖο;
   -Στίς δέκα τό πρωί.

2. -Τί ώρα περνάει τό λεωφορεῖο;
   -Στίς δύο καί είκοσι τό μεσημέρι.

3. -Τί ώρα φεύγει τό ἀεροπλάνο;
   -Στίς δέκα παρά είκοσι πέντε τό βράδυ.

κ.τ.λ. ...

ΤΩΡΑ ΔΙΑΛΕΞΤΕ:

-Τί ώρα_____
  τό _____;
-Στίς_____
  τό _____.

Α. ΣΤΗΝ ΤΡΑΠΕΖΑ.

1.

-Είκοσι δολάρια

σέ δραχμές, παρακαλώ.

-Ορίστε.

-Ευχαριστώ πολύ.

-Παρακαλώ.

Χαίρετε.

2. -Είκοσι δολάρια πόσες δραχμές είναι; _____

Β. ΓΙΑ ΤΗΝ ΑΘΗΝΑ.

1.

-Επάνω είναι

οι βαλίτσες μου;

-Επάνω είναι, κύριε.

Ανεβείτε, φεύγουμε.

-Τό εισιτήριο

πόσο κάνει;

-Είκοσι πέντε.

2. -Πού πάει αυτό τό λεωφορείο;

-Στήν Αθήνα.

Α. $\dfrac{Σ'}{Σᾶς}$ ἀρέσει τὸ φαΐ;

| Ναί, μ'αρέσει. |
| Ὀχι, δέν μ'αρέσει. |
| Ἐ, ἔτσι κι ἔτσι. |

$\dfrac{Σ'}{Σᾶς}$ αρέσουν οι ελιές;

| Ναί, μ'αρέσουν. |
| Ὀχι, δέν μ'αρέσουν. |
| Ἐ, ἔτσι κι ἔτσι. |

Β. $\dfrac{θέλεις}{θέλετε}$ (κι άλλο) κρασί;

| Ἀχ, ναί, θέλω λιγάκι (ακόμα). |
| Ὀχι, ευχαριστώ. Δέν θέλω (άλλο). |

Γ. Η επιταγή άργησε νά 'ρθει.

| Ναί, $\dfrac{έχεις}{έχετε}$ δίκιο. |
| Ὀχι, δέν $\dfrac{έχεις}{έχετε}$ δίκιο. Γιατί; |

ΣΥΓΝΩΜΗ...

- Συγνώμη, κάποιο εστιατόριο..."Μακεδονικόν";

- Ά, βεβαίως. Το "Μακεδονικόν"...

  Λοιπόν, από 'δώ πάτε ευθεία κάτω

  και στρίβετε αριστερά στήν Καρατάσου.*

  Μετά παίρνετε τήν Καρατάσου

  και συνεχίζετε δύο τετράγωνα.

  Εκεί είναι τό εστιατόριο! Δεξιά σας, στήν γωνία.

- Ά, ευχαριστώ πολύ.

- Παρακαλώ. Τίποτα.

---

* η Καρατάσου = η (οδός) Καρατάσου.

ΔΙΑΛΕΙΜΜΑ ΣΤΟ ΣΙΝΕΜΑ

ΣΟΥΛΑ: -Ά, ο Νίκος!

ΚΟΣΜΑΣ: -Ποιός;

ΣΟΥΛΑ: -Αυτός εκεί μπροστά.

Φίλος μου είναι.

ΚΟΣΜΑΣ: -Τόν...ξέρεις καλά,δηλαδή;

ΣΟΥΛΑ: -Τόν Νίκο; Βεβαίως!

...Νίκο!!

ΝΙΚΟΣ: -Βρέ, Σούλα! Τί γίνεσαι;

ΣΟΥΛΑ: -Μιά χαρά!...

Από δώ ο Κοσμάς.

ΝΙΚΟΣ: -Ά, χαίρω πολύ.

ΚΟΣΜΑΣ: -Τί γίνεται; Γειά χαρά.

ΝΙΚΟΣ: -Τό έργο...σαχλαμάρα, έ;

ΚΟΣΜΑΣ: -ΜΕΓΑΛΗ σαχλαμάρα!

ΑΛΛΑΓΗ:

1. Ο Νίκος - Ποιός;-Αυτός-Φίλος-Τόν-Τόν Νίκο-Νίκο!-ΝΙΚΟΣ:

2. Η Νίκη - Ποιά;-Αυτή-Φίλη-Τήν-Τήν Νίκη-Νίκη!-ΝΙΚΗ:

A.

1.   -Αυτός εδώ είναι φίλος μου.

2.   -Αυτή εδώ είναι φίλη μου.

3.   -Εκείνος εκεί είναι γνωστός μου.

4.   -Εκείνη εκεί είναι γνωστή μου.

B. ΔΙΑΛΕΞΤΕ:

Αυτός Αυτή	εδώ	είναι	φίλος αδελφή κόρη γιός φίλη συγγενής	μου
Εκείνος Εκείνη	εκεί			

A. ΣΤΟΝ ΜΠΑΚΑΛΗ

-Καλημέρα σας.

-Ὡ, καλημέρα σας, δεσποινίς.
 Τί κάνετε.

-Πολύ καλά, ευχαριστώ. Εσείς.
 <u>Ένα κιλό φέτα θά ήθελα.</u>

 · · · · · · · · · ·

-Ορίστε.

-Πόσο κάνει;

-<u>Ογδόντα</u> δραχμές.

ΑΛΛΑΓΕΣ:

1.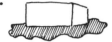

1 κ. 80

Ένα κιλό-Ογδόντα

2.

½ κ. 40

Μισό κιλό-Σαράντα

3.

¼ 20

Ένα τέταρτο-Είκοσι

4.

1½ κ. 120

Ενάμισι κιλό –
Εκατόν είκοσι

5.

2 κ. 160

Δύο κιλά –
Εκατόν εξήντα

6.

3 κ. 240

Τρία κιλά –
Διακόσιες σαράντα

B. ΚΙ ΑΝΤΙ ΓΙΑ:

φέτα ⟶

κρεμμύδια

πατάτες   ελιές

ΣΤΟ ΑΣΑΝΣΕΡ

-Οικογενειακώς μένετε εδώ;

-Μέ <u>τήν γυναίκα</u> μου.

-Ά, είστε <u>παντρεμένος</u>;

-Ναί, μέ <u>Ελληνίδα</u>. Εσείς;

-<u>Ελεύθερος</u>.

-Έ, <u>νέος</u> είστ' ακόμα...

-Έχετε παιδιά;

-<u>Μιά κόρη κι ένα γιό</u>.

-Νά σάς ζήσουν!

ΑΛΛΑΓΗ:

τόν άντρα

παντρεμένη

Έλληνα

Ελεύθερη

νέα

Δυό κόρες καί τρείς γιούς

36

A.

NA ΜΙΛΗΣΟΥΜΕ ΛΙΓΑΚΙ; (PAIR-INTERVIEWS, see p. 18)

1. Σέ ποιά πόλη μένεις; Σέ ποιά περιοχή; Τί οδό;
   Τί τηλέφωνο έχεις;

2. Είσαι παντρεμένος/η; Έχεις παιδιά; Πόσα;

3. Κάθε πότε κάνεις Ελληνικά; Πού;

4. Έχεις χόμπι; Τί;

5. Ποιό είναι τό πιό σπουδαίο πράγμα στήν ζωή;

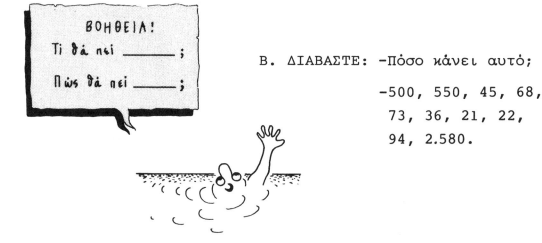

Β. ΔΙΑΒΑΣΤΕ: –Πόσο κάνει αυτό;

–500, 550, 45, 68,
73, 36, 21, 22,
94, 2.580.

Γ. ΡΩΤΗΣΤΕ ΤΟΝ ΔΑΣΚΑΛΟ ΓΙΑ ΛΕΞΕΙΣ. Bring a list of
any Greek words/phrases and elicit the English
equivalents by asking "Τί θά πεί...;" or do the re-
verse by asking "Πῶς θά πεί. . .;" If you have heard
a Greek word but do not know its correct spelling,
just record it on your list with phonetic accuracy
(e.g. ΡΟΤΙΣΤΕ instead of ΡΩΤΗΣΤΕ, but not ΡΟΤΕΣΤΕ).
Repeat this exercise throughout the course, focus-
sing on material relevant to your own needs.

Δ. ΦΤΙΑΞΤΕ ΔΙΑΛΟΓΟΥΣ. Think of hypothetical situations reflecting your
personal needs for the use of Greek (e.g. being lost on a Greek street
and asking in Greek for directions). Divide into groups and decide
who will play which role in a brief dialogue created by yourselves for
the situation that you selected. The teacher will come around to help
you with words/phrases. Rehearse orally and prepare your presentation
for the rest of the class. The teacher may have to translate orally
some of the new words/phrases of your dialogue to your audience. Then you
repeat the performance and record it on cassette. The teacher will
now transcribe the dialogue on the board and the students will copy it
in a special notebook. Then s/he will answer further questions, ask
comprehensive questions, and invite you to work your own substitutions
into it if you so desire. After the presentation and recording of all
dialogues, the class will listen once again to the whole tape. This
session could be repeated at least once at the end of each following
chapter. Do not hesitate to risk dialogues with many new words; keep
your dialogues recorded in the same notebook for review.

3

A. ΜΙΑ ΕΛΛΗΝΙΚΗ ΟΙΚΟΓΕΝΕΙΑ.......(ΒΑΛΤΕ ΤΑ ΧΡΩΜΑΤΑ)

1. άσπρο
2. μαύρο
3. γκρίζο
4. μπλέ
5. πράσινο
6. κίτρινο
7. πορτοκαλί
8. ρόζ

9. κόκκινο   10. μόβ   11. καφέ   12. κρέμ

ΚΑΙ ΣΤΟΝ ΤΟΙΧΟ ΜΙΑ ΑΛΛΗ ΟΙΚΟΓΕΝΕΙΑ...

B.

-Νά η μητέρα μου,*   -Νά οι γονείς μου
 ο πατέρας μου**   κι η αδελφή μου η Τασούλα,
 κι ο αδελφός μου ο Ντίνος.   όλο μούτρα!

---

*   η μητέρα = η μαμά

** ο πατέρας = ο μπαμπάς

A.   -Νά ο αδελφός μου ο Μάκης
     στό Παρίσι. Η γυναίκα του η Φωτίκα
     κι η ανιψιά μου η Ελεάνα.

B. -Αυτός είν' ο θείος Μάκης,
   η θεία Φωτίκα
   κι η εξαδέλφη μου η Ελεάνα.

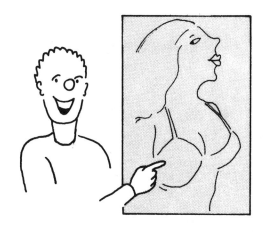

Γ.   -Από 'δώ η φιλενάδα μου
     η Μπριζίτ Μπαρντό!

Δ. -Κι από 'δώ ο φίλος μου
   ο Τζόν Τραβόλτα!

 Βρέχει.

 Κάνει κρύο.

 Χιονίζει.

 Έχει λιακάδα.

 Έχει συννεφιά.

 Κάνει ζέστη.

 Φυσάει.

 Ψιχαλίζει.

A.

-Τί ὥρα ἀνοίγει <u>ἡ τράπεζα</u>;
-Στίς <u>9.00</u>.
-Καί τί ὥρα κλείνει;
-Στίς <u>2.00</u>.

B.

-Τί ὥρα ἀρχίζει <u>τό μάθημα</u>;
-Στίς <u>9.15</u>.
-Καί τί ὥρα τελειώνει;
-Στίς <u>10.15</u>.
-<u>Μία ὥρα</u> κρατάει, δηλαδή.
-Ναί, <u>μία ὥρα</u>.

ΑΛΛΑΓΕΣ:

1.

9.00-2.00

η τράπεζα

1.

9.15-10.15

τό μάθημα - μία ὥρα

2.

10.00-6.30

ο μπακάλης

2.

10.45-12.15

τό ἔργο - μιάμιση ὥρα

3.

10.15-6.45

τό ψιλικατζίδικο

3.

7.45-9.45

η λειτουργία - δύο ὥρες

ανοίγει - κλείνει

αρχίζει - τελειώνει

A.

Εγώ είμαι από τήν Κρήτη

αλλά τώρα μένω εδώ, στήν Αθήνα.

ΑΛΛΑΓΕΣ:

1.    Εγώ   είμαι - μένω

2.   Εσύ   είσαι - μένεις;

3.    Αυτή   είναι - μένει

4.    Αυτός είναι - μένει

5.    Αυτό   είναι - μένει

6.    Εμείς είμαστε - μένουμε

7.   Εσείς   είστε* - μένετε;

8.   Αυτοί   είναι - μένουν

9.    Αυτοί   είναι - μένουν

10.    Αυτές   είναι - μένουν

11.    Αυτά   είναι - μένουν

B.

είμαι	μένω
είσαι	μένεις
είναι	μένει
είμαστε	μένουμε
είστε	μένετε
είναι	μένουν

* ΕΙΣΤΕ = ΕΙΣΑΣΤΕ

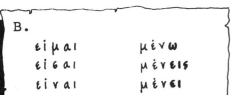
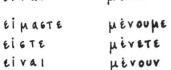

POSSESSIVE

ADJECTIVES

μου

σου

του — της

μας

σας

τους

1.

150

—Η μπάλα μου κάνει
εκατόν πενήντα.

2.

44

—Ο χάρτης σου πόσο κάνει;
—Σαράντα τέσσερις.

3.

440

—Η γραβάτα του κάνει
τετρακόσιες σαράντα.

4.

1.500

—Τό κολιέ της κάνει
χίλιες πεντακόσιες.

5.

150.000

—Τό αμάξι μας κάνει
εκατόν πενήντα χιλιάδες.

6.

500.000

—Τό σπίτι σας πόσο κάνει;
—Πεντακόσιες χιλιάδες.

7.

6.800

—Τό πικάπ τους κάνει
έξι οκτακόσιες.

8.

18.600

—Η τηλεόρασή τους κάνει
δεκαοκτώ εξακόσιες.

9.

2.100

—Τό ραδιόφωνό τους κάνει
δύο εκατό.

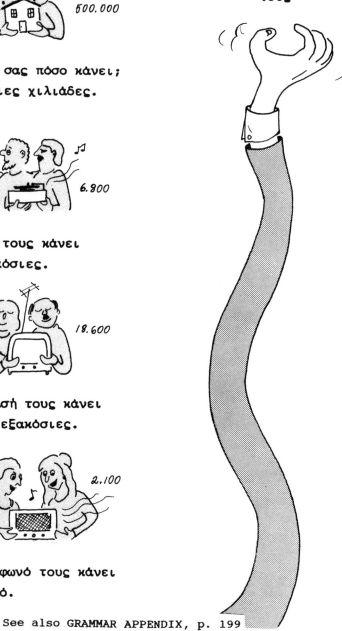

See also GRAMMAR APPENDIX, p. 199

Α.   ΕΝΑ ΤΗΛΕΦΩΝΗΜΑ

-Λέγετε! Ναί!..Λέγετε!

. . . .

Ά, τόν Αντρέα θέλετε;

Περιμένετε ἕνα λεπτό,

παρακαλῶ.

Ἀντρέα! Ἔλα! Στό τηλέφωνο!

Κάποια Τούλα, λέει,
ἀπό τό γραφεῖο...

ΤΟΥΛΑ!
ΑΓΑΠΗ ΜΟΥ!
ΕΠΙΤΕΛΟΥΣ!

Β. ΤΗΛΕΦΩΝΗΣΤΕ (ἀν βρίσκεστε στήν Ἑλλάδα).
Call up the train station or any other number which
has a pre-recorded answering service. Write down
the information with phonetic accuracy (use Greek
characters but ignore correct spelling) and report
it in class. Now do the same with live answers
(from movie theatres, etc.).

A. ΔΙΑΛΕΞΤΕ:

Πόσον	καφέ	θέλετε;
Πόση	ζάχαρη	
Πόσο	τυρί	

Βάλτε μου...

$\frac{1}{4}$ ένα τέταρτο

$\frac{1}{2}$ κ. μισό κιλό

$\frac{3}{4}$ τρία τέταρτα

1 κ. ένα κιλό

$1\frac{1}{2}$ κ. ενάμισι κιλό

2 κ. δύο κιλά

B.   -Θά ήθελα.....

ένα μπουκάλι

κρασί
ρετσίνα
ούζο
λάδι
ξίδι
γάλα

ένα ποτήρι

κρασί
νερό
χυμό

ένα φλιτζάνι

καφέ
τσάι

ένα κουτί

τσιγάρα
σπίρτα
ασπιρίνες
πινέζες

ένα πακέτο

βούτυρο
χαλβά
μακαρόνια
μαστίχες

ένα κομμάτι

ψωμί
τυρί
κρέας

-Πώς θά πεί "chair" στα Ελληνικά;

-"Καρέκλα".

-Ὁ καρέκλα; Ἡ καρέκλα; Τὸ καρέκλα;

-Ἡ καρέκλα!

-Ἄ, η καρέκλα! Μάλιστα. Ευχαριστώ.

ΑΛΛΑΓΕΣ:

1.	2.	3.	4.	5.

"chair"	"letter"	"map"	"key"	"dictionary"
"Καρέκλα"	"Γράμμα"	"Χάρτης"	"Κλειδί"	"Λεξικό"
Η καρέκλα	Τὸ γράμμα	Ο χάρτης	Τὸ κλειδί	Τὸ λεξικό

6.	7.	8.	9.	10.
"passport"	"city"	"newspaper"	"sun"	"lighter"
"Διαβατήριο"	"Πόλη"	"Εφημερίδα"	"Ήλιος"	"Αναπτήρας"
Τὸ διαβατήριο	Η πόλη	Η εφημερίδα	Ο ήλιος	Ο αναπτήρας

A.

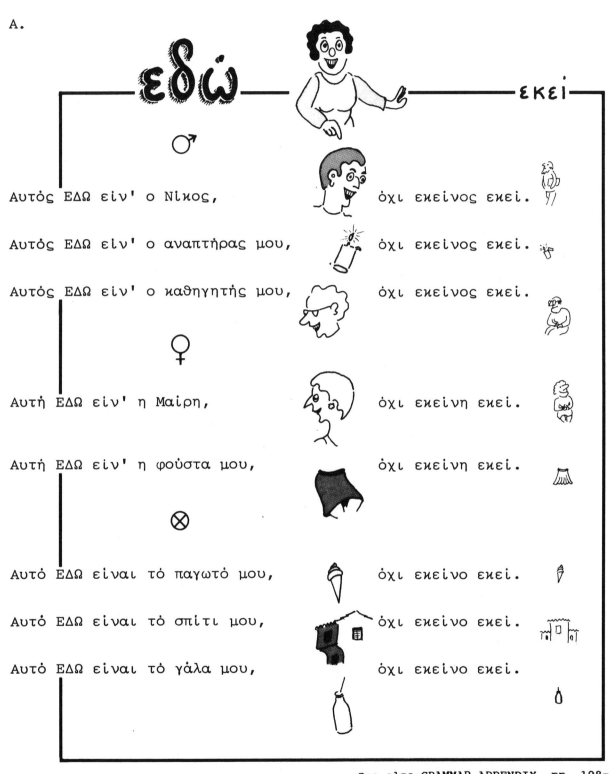

Αυτός ΕΔΩ είν' ο Νίκος,   όχι εκείνος εκεί.

Αυτός ΕΔΩ είν' ο αναπτήρας μου,   όχι εκείνος εκεί.

Αυτός ΕΔΩ είν' ο καθηγητής μου,   όχι εκείνος εκεί.

Αυτή ΕΔΩ είν' η Μαίρη,   όχι εκείνη εκεί.

Αυτή ΕΔΩ είν' η φούστα μου,   όχι εκείνη εκεί.

Αυτό ΕΔΩ είναι τό παγωτό μου,   όχι εκείνο εκεί.

Αυτό ΕΔΩ είναι τό σπίτι μου,   όχι εκείνο εκεί.

Αυτό ΕΔΩ είναι τό γάλα μου,   όχι εκείνο εκεί.

See also GRAMMAR APPENDIX, pp. 198-199

B.   ΚΙ ΑΝΤΙ ΓΙΑ: εδώ → εδωπέρα
                    εκεί → εκειπέρα

—<u>Εκείνος</u> εκεί θέλει δωμάτιο;

—Ναι, μονόκλινο.

—<u>Ξένος</u> είναι;

—<u>Εγγλέζος</u>, νομίζω.

ΑΛΛΑΓΕΣ:

1.	2.	3.	4.
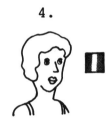			
Εκείνος	Εκείνη	Εκείνος	Εκείνη
Ξένος	Ξένη	Ξένος	Ξένη
Εγγλέζος	Εγγλέζα	Γάλλος	Γαλλίδα

5.	6.	7.	8.

Εκείνος	Εκείνη	Εκείνος	Εκείνη
Ξένος	Ξένη	Ξένος	Ξένη
Αμερικάνος	Αμερικανίδα	Έλληνας	Ελληνίδα

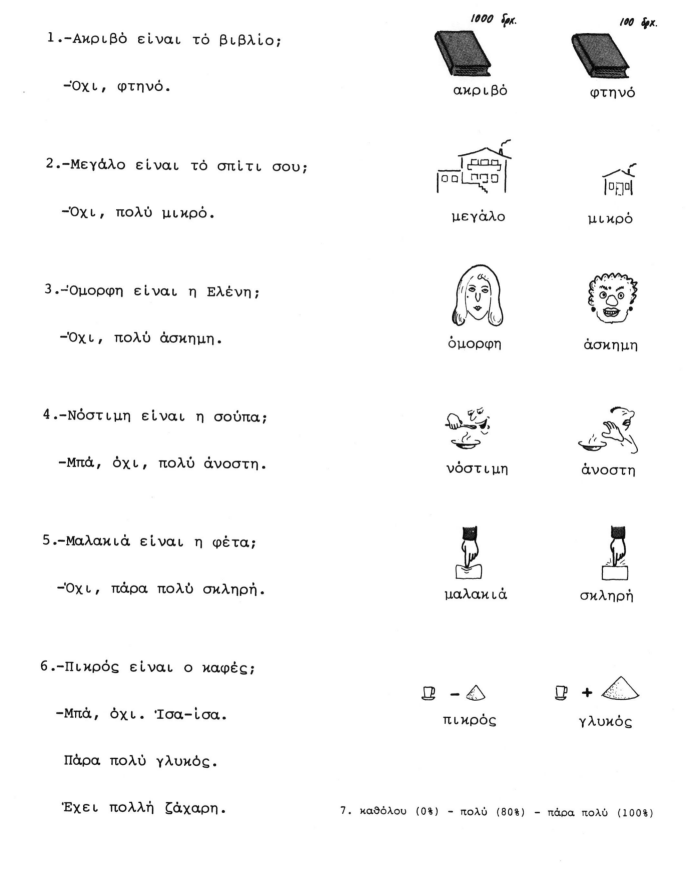

1.-Ακριβό είναι τό βιβλίο;

  -Όχι, φτηνό.

ακριβό   φτηνό

2.-Μεγάλο είναι τό σπίτι σου;

  -Όχι, πολύ μικρό.

μεγάλο   μικρό

3.-Όμορφη είναι η Ελένη;

  -Όχι, πολύ άσκημη.

όμορφη   άσκημη

4.-Νόστιμη είναι η σούπα;

  -Μπά, όχι, πολύ άνοστη.

νόστιμη   άνοστη

5.-Μαλακιά είναι η φέτα;

  -Όχι, πάρα πολύ σκληρή.

μαλακιά   σκληρή

6.-Πικρός είναι ο καφές;

  -Μπά, όχι. Ίσα-ίσα.

  Πάρα πολύ γλυκός.

  Έχει πολλή ζάχαρη.

πικρός   γλυκός

7. καθόλου (0%) - πολύ (80%) - πάρα πολύ (100%)

Σ' ΕΝΑ ΚΕΝΤΡΟ...

-Τί θά πάρετε;

-"Δεμέστιχα" θά ἤθελα.

-Μικρή "Δεμέστιχα";

-Ναί, μία μικρή, φέρτε μου.

 Ἀλλά κρύα, ἕ;

-Παγωμένη!

Α. ΝΑ ΤΡΑΓΟΥΔΗΣΟΥΜΕ ΛΙΓΑΚΙ;

-Τί θά πάρετε;

-Δεμέστιχα θά ήθελα.

-Μικρή Δεμέστιχα;

-Ναί, μία μικρή φέρτε μου.

Αλλά κρύα, έ;

-Παγωμένη!

Β.

1. Note that the Greek word-accent should NOT be interpreted as always implying a high pitch. (Compare the accent of Τί to that of Μικρή).

2. In the vowels above we can distinguish between those intoned by a SINGLE PITCH (as in Τί or Μικρή) or a DUAL PITCH (as in Ναί or έ;). Note that a DUAL PITCH can go either high-to-low (as in Ναί) or low-to-high (as in έ;).

A.  ΝΑ ΜΙΛΗΣΟΥΜΕ ΛΙΓΑΚΙ;   (PAIR-INTERVIEWS, see p. 18)

1. Τί καιρό κάνει σήμερα;

2. Πότε κάνουμε Ελληνικά; Τί μέρα; Τί ώρα;

3. Πές **μου** κάτι γιά τήν οικογένειά σου.

   Δείξε **μου** άν έχεις, φωτογραφίες.

4. Τί υπάρχει στό δωμάτιο; Τί χρώμα είναι;

ΒΟΗΘΕΙΑ!

Τί θά πεί _____ ;

Πώς θά πεί _____ ;

B. ΔΙΑΒΑΣΤΕ: -Πόσο κάνουν
   όλα μαζί;
   -111, 222, 333,
   444, 555, 666,
   777, 888, 999.

Γ. ΠΟΤΕ; (Choose questions and answers.)

1α. -Κάθε πότε ⎯⎯ πάς ⎯⎯ στήν Αθήνα;
                 έρχεσαι

2α. -Πότε ⎯⎯ θά πάς ⎯⎯ στήν Αθήνα;
             θά έρθεις

1β. -⎯⎯ Πάω ⎯⎯ κάθε χρόνο
       Έρχομαι   "   μήνα
                      "   Ιούνιο
                      "   εβδομάδα
                      "   Τρίτη
                      "   δέκα μέρες

2β. -⎯⎯ θά πάω ⎯⎯ τού χρόνου
          θά έρθω   τόν ερχόμενο μήνα
                     "   "   Ιούνιο
                    τήν ερχόμενη εβδομάδα
                     "   "   Τρίτη
                    σέ δέκα μέρες

3α. -Πότε ⎯⎯ πήγες ⎯⎯ στήν Αθήνα;
             ήρθες

3β. -⎯⎯ Πήγα ⎯⎯ πέρσι
       Ήρθα   τόν περασμένο μήνα
               "   "   Ιούνιο
              τήν περασμένη εβδομάδα
               "   "   Τρίτη
              πρίν από δέκα μέρες

4

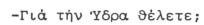

56

ΣΤΟ ΠΡΑΚΤΟΡΕΙΟ

-Γιά τήν Ύδρα θέλετε;

-Μάλιστα. Ένα εισιτήριο τρίτη θέση,
 παρακαλώ.

-Μετ' επιστροφής;

-Όχι, απλό.

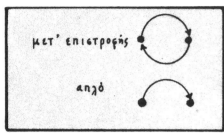

-Ορίστε...Εκατόν ογδόντα.

-Πώ πω! Χιλιάρικο!
 Δέν έχετε ψιλά;

-Μμ...Δυστυχώς δέν έχω...
 Δέν νομίζω.

-Ένα λεπτό. Γιά νά δούμε
 τί έχω κι εγώ...

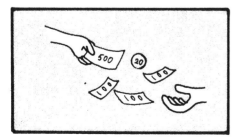

...Ά, μάλιστα! Λοιπόν...
Ορίστε τά ρέστα σας:
Οκτακόσιες είκοσι.

ΜΗΠΩΣ ΕΧΕΙΣ...;

-Μήπως ἔχεις ψιλά, Σωτήρη;

-Τί θέλεις;

-<u>Χιλιάρικο</u> ἔχω.

-Ἐντάξει. Δῶσ' μου <u>τό χιλιάρικο</u>

νά σοῦ δώσω <u>δυό πεντακοσάρικα.</u>

ΑΛΛΑΓΕΣ:

1.

Χιλιάρικο
τό χιλιάρικο
δυό πεντακοσάρικα

2.

Πεντακοσάρικο
τό πεντακοσάρικο
πέντε κατοστάρικα

3.

Κατοστάρικο
τό κατοστάρικο
δύο πενηντάρικα

4.

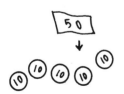

Πενηντάρικο
τό πενηντάρικο
πέντε δεκάρικα

5.

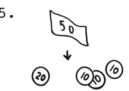

Πενηντάρικο
τό πενηντάρικο
ἕνα εἰκοσάρικο καί
τρία δεκάρικα

6.

Δεκάρικο
τό δεκάρικο
ἕνα τάληρο
δύο δίφραγκα καί
μία δραχμή

58

-Συγνώμη, μήπως

υπάρχει περίπτερο

εδώ κοντά;

-Βεβαίως, τό περίπτερο

εδώ παρακάτω.

-Ά, μάλιστα. Ευχαριστώ.

-Παρακαλώ. Τίποτα.

ΑΛΛΑΓΕΣ:

1. ⊗
περίπτερο
τό περίπτερο

2. ⊗
ταχυδρομείο
τό ταχυδρομείο

3. ⊗
τμήμα
τό τμήμα

4. ⊗
βενζινάδικο
τό βενζινάδικο

5. ♀
στάση
η στάση

6. ♀
τράπεζα
η τράπεζα

7. ♂
σταθμός
ο σταθμός

8. ♂
μπακάλης
ο μπακάλης

A.

 κοντά

-Εδῶ κοντά εἶναι <u>τό εστιατόριο</u>, δέν εἶναι μακριά.

-Πόση ὥρα, δηλαδή, μέ τά πόδια;

-Μέ τά πόδια...έ, <u>πέντε λεπτά</u> τό πολύ.

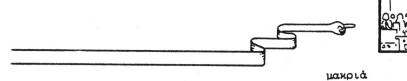

μακριά

ΤΩΡΑ ΔΙΚΕΣ ΣΑΣ ΑΛΛΑΓΕΣ: 1. τό εστιατόριο 2._____ 3._____

πέντε λεπτά ———— ————

B. ΜΕ ΤΟ ΛΕΩΦΟΡΕΙΟ

-Μία στάση εἶναι;

-Ὄχι βρέ, ΤΕΣΣΕΡΙΣ στάσεις.

-ΤΕΣΣΕΡΙΣ; Τόσο μακριά;

 Νά καθίσουμε τότε. Ἔχει καμιά θέσι;

-Μπά, αστειεύεσαι; Δέν υπάρχουν θέσεις.

 Γεμᾶτο εἶναι. Δέ βλέπεις;

Γ.

θά πάω

στό εστιατόριο μέ τά πόδια

↓ ↓

(ΠΟΥ;) (ΠΩΣ;)

ΑΛΛΑΓΕΣ (ΠΩΣ;):

1. μέ τά πόδια
2. μέ τό ταξι
3. μέ τό λεωφορειο
4. μέ τό τρόλεϊ
5. μέ τό αυτοκίνητο
6. μέ τόν ηλεκτρικό.

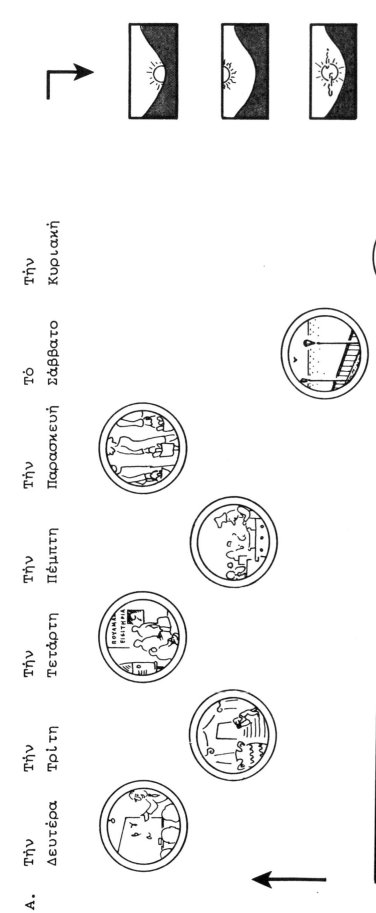

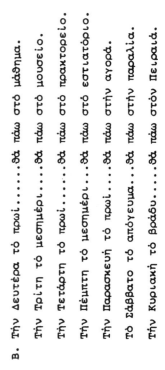

A.

Την	Την	Την	Την	Την	Το	Την
Δευτέρα	Τρίτη	Τετάρτη	Πέμπτη	Παρασκευή	Σάββατο	Κυριακή

B. Την Δευτέρα τό πρωί......θά πάω στό μάθημα.
Την Τρίτη τό μεσημέρι...θά πάω στό μουσείο.
Την Τετάρτη τό πρωί......θά πάω στό πρακτορείο.
Την Πέμπτη τό μεσημέρι...θά πάω στό εστιατόριο.
Την Παρασκευή τό πρωί....θά πάω στήν αγορά.
Τό Σάββατο τό απόγευμα...θά πάω στήν παραλία.
Την Κυριακή τό βράδυ.....θά πάω στόν Πειραιά.

Γ. -Τί θά κάνεις τήν Δευτέρα τό πρωί;
-Θά πάω στό μάθημα.

Δ. -Πού θά πάς τήν Δευτέρα τό πρωί;
-Στό μάθημα.

Ε. -Πότε θά πάς στό μάθημα;
-Την Δευτέρα τό πρωί.

Ζ. ΤΩΡΑ ΡΩΤΗΣΤΕ ΚΙ ΑΠΑΝΤΗΣΤΕ
ΟΠΩΣ ΠΑΡΑΠΑΝΩ (ΤΙ; ΠΟΥ; ΠΟΤΕ;)

A.   ΜΕ ΤΑ ΠΟΔΙΑ...

B.

		θά	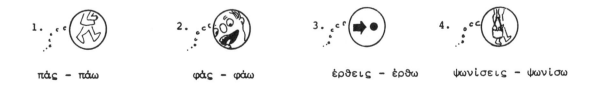
–Πού			
	λές		πάς;
	θέλεις	νά	
	μπορείς		
–Πότε	μπορεί		
	πρέπει		

		θά	
–Στό μουσείο			
Στ.........	λέω		πάω
	θέλω	νά	
	μπορώ		
Τήν Τρίτη	μπορεί		
Τήν......	πρέπει		

ΑΛΛΑΓΕΣ (Β):

1. πάς – πάω
2. φάς – φάω
3. έρθεις – έρθω
4. ψωνίσεις – ψωνίσω

A.

-Ψσστ! Τούλα!

-Βρέ! Αλέκο! Εσύ είσαι;

 <u>Τί κάνεις</u>; Πώς πάει;

-Πώς νά πάει; Ησυχία. Εσύ;

-Τρέχω.

ΑΛΛΑΓΕΣ:

1. Τί κάνεις;   2. Τί γίνεσαι;   3. Πώς είσαι;

B.

-Χαίρετε, κύριε Παπαθανασίου!

-Ώ, κύριε Μαρκόπουλε! Γειά σας!

 <u>Τί κάνετε</u>;

-Πολύ καλά, ευχαριστώ. Εσείς;

-Έ, δόξα τώ θεώ.

ΑΛΛΑΓΕΣ:

1. Τί κάνετε;   2. Τί γίνεστε;   3. Πώς είστε;

Γ.

-Χαίρετε...Καλημέρα σας,

 κύριε Παπαθανασίου.

 Συγνώμη πού άργησα λιγάκι.

-Ά, γειά σου Ελένη, παιδί μου.

 Δέν πειράζει. <u>Τί κάνεις</u>; Κάθισε.

-Πολύ καλά, ευχαριστώ. Εσείς <u>τί κάνετε</u>;

-Έ, άς τά λέμε καλά.

ΑΛΛΑΓΕΣ:

1. Τί κάνεις;   2. Τί γίνεσαι;   3. Πώς είσαι;

   τί κάνετε;   τί γίνεστε;   πώς είστε;

Δ. ΠΡΟΣΕΞΤΕ: -Τί κάνετε, κύριε Νίκο; / -Νίκο! Μαίρη! Τί κάνετε;

1. ΕΝΑ ΠΡΩΙ ΣΤΟ ΑΣΑΝΣΕΡ...

2. ΤΩΡΑ ΑΛΛΑΓΗ:

Α: -Καλημέρα σας.

Β: -Καλημέρα σας. Τὸ ὀνομά σας,
πῶς λέγεστέ;

Α: -Ζὰκ Παβὶ.

Β: -Γιώργος Παπαδάκης.
Χαίρω πολύ.

Α: -Τὶ κάνετε;

Β: -Στό...τρίτο ἤρθατε;

Α: -Μάλιστα, στὸ τρίτο.
Εσείς μένετε στὸ τέταρτο, ἐ;

Β: -Μάλιστα... Ἀ, εδώ είμαστε:
τρίτο!
Λοιπόν, αντίο σας καί
χάρηκα πολύ, κύριε Παβὶ.

Α: -Κι εγώ χάρηκα πολύ,
κύριε Παπαδάκη. Αντίο σας.
Καί χαιρετίσματα
στὴν γυναίκα σας.

Β: -Επίσης. Χαίρετε. Στό καλό.

Α:

Β:

Α: Μονίκ Παβὶ

Β: Μάρθα Παπαδάκη*

Α:

Β:

Α:

Β:
                              κυρία Παβὶ.

Α:
     κυρία Παπαδάκη.

     στὸν άντρα σας.

Β:

---

* Παπαδάκης/Παπαδάκη : ΓΙΑΤΙ;

ΣΤΟ ΕΣΤΙΑΤΟΡΙΟ

—Μού δίνετε τόν κατάλογο,
  παρακαλώ;
—Μάλιστα κύριε. Ορίστε.

—Θά ήθελα μία ψάρι τού
  φούρνου καί μία τζατζίκι.

—Θέλετε μήπως
  ρετσίνα; Έχουμε
  καλή, βαρελίσια.

—Όχι, μού φέρνετε
  μία μπίρα καλύτερα;
—Ευχαρίστως. Τί μπίρα
  θέλετε; "Άλφα" ή "Άμστελ";

—"Άμστελ", παρακαλώ.
  Καί ένα ποτήρι
  νερό.
—Αμέσως!

—Έλα μικρέ! Μαχαιροπήρουνα,
  ψωμάκι στόν κύριο εδωπέρα.
  Άιντε, άιντε, γρήγορα!
  Χαζεύεις!

πιπέρι

πιρούνι

κουτάλι

μαχαίρι

πετσετάκι

ψωμάκι

αλάτι

Α. —Μού φέρνετε μία μπίρα, παρακαλώ;

  —Τί μπίρα θέλετε; "Άλφα" ή "Άμστελ";

  —"Άμστελ", άν έχετε.

μπίρα...

Β. —Μού φέρνετε μία σούπα, παρακαλώ;

  —Τί σούπα θέλετε; Κοτόσουπα ή ψαρόσουπα;

  —Ψαρόσουπα, άν έχετε.

σούπα...

Γ. —Μού φέρνετε μία σαλάτα, παρακαλώ;

  —Τί σαλάτα θέλετε; Χωριάτικη ή ντοματοσαλάτα;

  —Χωριάτικη, άν έχετε.

σαλάτα...

Δ. —Μού φέρνετε ένα μπουκάλι κρασί, παρακαλώ;

  —Τί κρασί θέλετε; Άσπρο ή κοκκινέλι;

  —Κοκκινέλι, άν έχετε.

κρασί...

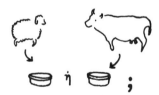

Ε. —Τί γιαούρτι θέλετε; Πρόβειο ή αγελαδινό;

  —Καί πρόβειο καί αγελαδινό θέλουμε.

  Φέρτε μας κι από τά δύο, άν έχετε.

γιαούρτι...

Ζ. —Τί φρούτο θέλετε; Μήλο ή πορτοκάλι;

  —Ούτε μήλο...ούτε πορτοκάλι δέ θέλω...

  Γλυκό καλύτερα. Ένα μπακλαβά

  φέρτε μου.

φρούτο...

γλυκό...

Η. ΜΕ ΛΙΓΑ ΛΟΓΙΑ:

1 ή **2** ;

	1 , όχι ~~**2**~~	
καί **1**	καί **2**	
ούτε ~~**1**~~	ούτε ~~**2**~~	

ΑΡΓΟΤΕΡΑ, ΜΕΤΑ ΤΟ ΦΑΓ...

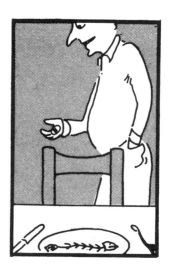

-Μού κάνετε τόν λογαριασμό,　　　82

　παρακαλώ;

-Μάλιστα. Τί ἔχουμε;

-Μία ψάρι τοῦ φούρνου...

-Ογδόντα δύο.　　　21

-Μία τζατζίκι.

-Εἴκοσι μία. Τί ἄλλο;

-Μία μπίρα "Ἄμστελ".

-Τριάντα τρεῖς. Τίποτ' ἄλλο;

-Καί τό ψωμάκι.　　　33

-Πέντε.

-Αὐτά.

-Λοιπόν, ἔχουμε καί λέμε:　　　5

　Ογδόντα δύο,

　εἴκοσι μία,

　τριάντα τρεῖς

　καί πέντε...

　Ὅλα μαζί κάνουν...

　Ἑκατόν σαράντα μία.

-Ορίστε πεντακοσάρικο..

-Ορίστε τά ρέστα σας:

　τριακόσιες πενήντα ἐννέα.

82
21
33
+ 5
———
141

359 ◀

-Ἄ, ν'ἀφήσω κάτι καί

　γιά τό παιδί.

　Δεκάρικο;

　Ὄχι, εἰκοσάρικο

　καλύτερα.

　Ἕνα εἰκοσάρικο φτάνει.

A. ΣΤΑ ΜΑΓΑΖΙΑ ΤΗΣ ΓΕΙΤΟΝΙΑΣ...

-Πού πᾶς, Μανόλη;

-<u>Στό περίπτερο.</u>

Πάω νά πάρω <u>τσιγάρα</u>.

ΑΛΛΑΓΕΣ:

1.

Στό περίπτερο
τσιγάρα

2.

Στό γαλακτοπωλείο
ἕνα γάλα

3.
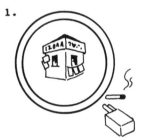
Στόν μπακάλη
λίγο κασέρι

4.

Στόν μανάβη
λίγες ντομάτες

5.
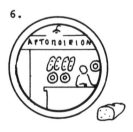
Στόν χασάπη
λίγες μπριζόλες

6.

Στόν φοῦρνο
λίγο ψωμί

7.

Στό ψιλικατζίδικο
λίγους φακέλους

8.

Στό φαρμακεῖο
λίγες ἀσπιρίνες

B. -Μόνο τσιγάρα πουλᾶνε στό περίπτερο; Τί ἄλλο;.................

Καί στόν μπακάλη;.....Στόν χασάπη;.....κ.τ.λ..................

ΣΤΟΝ ΜΑΝΑΒΗ ΠΑΣ, ΤΑΣΟΥΛΑ;

προχθές

-Στόν μανάβη πάς, Τασούλα;

-Ναί, παππού. Πάω νά πάρω <u>λάχανο</u>.

-<u>Μεγάλο λάχανο</u> πάρε, ακούς; Όχι πάλι <u>μικρό</u> σάν προχθές.

-Εντάξει.

-Και <u>καλό</u>, <u>φρέσκο</u> κοίτα νά πάρεις. Όχι...

-Εντάξει, εντάξει.

ΑΛΛΑΓΕΣ:

1.

λάχανο
Μεγάλο λάχανο-μικρό
καλό, φρέσκο

2.

μαρούλι
Μεγάλο μαρούλι-μικρό
καλό, φρέσκο

3.

ντομάτες
Μεγάλες ντομάτες-μικρές
καλές, φρέσκες

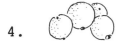

4.

πορτοκάλια
Μεγάλα πορτοκάλια-μικρά
καλά, φρέσκα

5.

μήλα
Μεγάλα μήλα-μικρά
καλά, φρέσκα

6.

μπανάνες
Μεγάλες μπανάνες-μικρές
καλές, φρέσκες

Α. ΣΤΗΝ ΑΓΟΡΑ...

$ ακριβ_

$ φτην_

-Νά τό φόρεμα πού λέω:

χίλιες εκατό.

-Ά, πολύ ακριβό!

-Γιατί ακριβό, βρέ Μαρίνα;

Δέν έχεις δίκιο· φτηνό είναι

σχετικά.

ΑΛΛΑΓΕΣ:

1.

1.100

τό φόρεμα
χίλιες εκατό
ακριβό-φτηνό

2.

1.200

τό παντελόνι
χίλιες διακόσιες
ακριβό-φτηνό

3.

1.300

η φούστα
χίλιες τριακόσιες
ακριβή-φτηνή

4.

1.400

τό πουκάμισο
χίλιες τετρακόσιες
ακριβό-φτηνό

5.

1.500

τό σακάκι
χίλιες πεντακόσιες
ακριβό-φτηνό

6.

2.600

η πολυθρόνα
δύο εξακόσιες
ακριβή-φτηνή

7.

2.700

τό κρεβάτι
δύο εφτακόσιες
ακριβό-φτηνό

8.

3.800

η ντουλάπα
τρείς οχτακόσιες
ακριβή-φτηνή

9.

900

ο καθρέφτης
εννιακόσιες
ακριβός-φτηνός

10.

10.500

τό ψυγείο
δέκα πεντακόσιες
ακριβό-φτηνό

Β.   Ο .... είναι ακρι**βός**

Η .... είναι ακρι**βή**

Τό .... είναι ακρι**βό**

ακριβ_   φτην__

110

220

Α.

—Πόσο κάνει τό εισιτήριο;
—Εκατόν δέκα. Έ, φτηνό.

Β.

—Πόσο κάνουν τά εισιτήρια;
—Διακόσιες είκοσι. Έ, φτηνά.

330

440

Γ.

—Πόσο κάνει τό βιβλίο;
—Τριακόσιες τριάντα. Είναι λίγο ακριβό.

Δ.

—Πόσο κάνει τό μπλουζάκι;
—Τετρακόσιες σαράντα. Είναι λίγο ακριβό.

550

660

Ε.

—Πόσο κάνει η φούστα;
—Πεντακόσιες πενήντα. Μμ...ακριβή!

Ζ.

—Πόσο κάνει τό πουκάμισο;
—Εξακόσιες εξήντα. Μμ...ακριβό!

770

880

Η.

—Πόσο κάνει τό φόρεμα;
—Εφτακόσιες εβδομήντα. ΠΟΛΥ ακριβό!

Θ.

—Πόσο κάνουν τά παπούτσια;
—Οχτακόσιες ογδόντα. ΠΟΛΥ ακριβά!

990

1.100

Ι.

—Πόσο κάνει τό πουλόβερ;
—Εννιακόσιες ενενήντα.
   Α, ΠΑΡΑ πολύ ακριβό!!

Κ.

—Πόσο κάνει τό σακάκι;
—Χίλιες εκατό. Πώ πω!
   ΠΑΝΑΚΡΙΒΟ!!!

ΕΝΑ ΤΗΛΕΦΩΝΗΜΑ

Νίκο,
πήρε ο Αρζόγλου
καί έλειπες.
Πάρ' τον απόψε εσύ
ή θά σέ πάρει εκείνος
πάλι αύριο τό πρωί.
Φωτίκα.

—Λέγετε.

—Τόν κύριο Νίκο Ζαΐμη, παρακαλώ.

—Ά, λείπει ο ίδιος αυτή τήν στιγμή.

—Μήπως η κυρία του;

—Ναί, η ιδία. Ποιός τηλεφωνεί;

—Αρζόγλου. Από τήν Θεσσαλονίκη.

—Ά, κύριε Αρζόγλου! Τί κάνετε;

—Πολύ καλά. Καλημέρα σας.

—Ο σύζυγος λείπει δυστυχώς.

Θέλετε να τού πώ τίποτα;

—Πέστε του νά μέ πάρει απόψε

ή θά τόν πάρω πάλι εγώ αύριο

τό πρωί.

—Πολύ ευχαρίστως, θά τού τό πώ.

Εσείς τί κάνετε; Η σύζυγος;

Τά παιδιά; Όλοι καλά;

—Έ, δόξα τώ Θεώ.

A.

NA ΜΙΛΗΣΟΥΜΕ ΛΙΓΑΚΙ; (PAIR-INTERVIEWS, see p. 18)

1. Πῶς πᾶμε ἀπό τό σχολεῖο στό σπίτι σου;

2. Τί θά κάνεις αὔριο; Μεθαύριο; Τό Σαββατοκύριακο; *

3. Τί ροῦχα φορᾶς σήμερα; Τί χρῶμα εἶναι;

4. "Ρέστα" καί "ψιλά": Πῶς διαφέρουν;

5. Τί χρειάζεσαι; (-Χρειάζομαι...)

6. Νά κλείσουμε ἕνα ραντεβού; Ποῦ; Πότε;

* Some of your answers may be hard to
  express given only a limited number of new
  words/phrases that the teacher will help you
  with (e.g. never more than 10 per student).
  When being interviewed by your partner, remember:
1) that there is probably an easier way of saying the
same thing, including mime and sketches, if necessary.
2) that the teacher will disapprove of your grammar
only if it confuses MEANING.
3) that whoever of the two partners doesn't understand
the other one, s/he must always ask: "Συγνώμη,
δέν κατάλαβα...;" for a second try.

B. ΓΡΑΨΤΕ ΕΡΩΤΗΣΕΙΣ ΚΑΙ
ΑΠΑΝΤΗΣΕΙΣ ΜΕ ΤΙΣ ΛΕΞΕΙΣ:

; ⟶ . . . .

 Work in couples
(1 → 2, 3 → 4, etc.) of
question → answer.

1. Πότε → 2. θά

3. Ποῦ → 4. μαρούλι

5. ἤ → 6. καλύτερα

7. Ποιά → 8. ἀπό

5

-Τί ζωγραφίζεις, Κωστάκη;

-Ένα πρόσωπο, γιαγιά.

-Μπράβο, παιδί μου.

ΓΙΑ νά δῶ κι εγώ...

-Νά...

... τό κεφάλι, τά μάτια, η μύτη, τό στόμα του, τ'αυτιά...

-Μαλλιά βάλε, μαλλιά!

-Ά, βέβαια, ξέχασα
τά μαλλιά.

-Καί σώμα! Δέν έχει
σώμα;

-Πῶς δέν έχει! Ορίστε: νά τά χέρια του, τά πόδια του...

-Μπράβο, Κωστάκη! Πολύ όμορφος είναι!
Χά χά χά! Όνομα δέν έχει; Πῶς τόνε λένε;

-ΔΡΑΚΟΥΛΑ!

Έλα νά σού δώσω
ένα φιλάκι,
αγάπη μου!

M' αρέσει   +   Δέ μ'αρέσει   -   ONE ITEM

M' αρέσουν   ++   Δέ μ'αρέσουν   --   MANY ITEMS

A.

-Πολύ μ'αρέσει ο χαλβάς! Εσένα;

-Κι εμένα μ'αρέσει.

B.

-Πολύ μ'αρέσουν οι ελιές! Εσένα;

-Εμένα δέ μ'αρέσουν καθόλου.

Γ.

-Πολύ μ'αρέσει η γραβάτα! Εσένα;

-Εμένα δέ μ'αρέσει καθόλου.

Δ.

-Πολύ μ'αρέσουν τά πέδιλα! Εσένα;

-Εμένα δέ μ'αρέσουν καθόλου.

E.

-Καθόλου δέ μ'αρέσει τό φανελάκι. Εσένα;

-Ούτε κι εμένα μ'αρέσει.

Z.

-Καθόλου δέ μ'αρέσουν οι μπότες. Εσένα;

-Ούτε κι εμένα μ'αρέσουν.

H.

-Δέ μ'αρέσει καί πολύ τό έργο. Εσένα;

-Εμένα μ'αρέσει λιγάκι, νά σού πώ.
Έχει πλάκα.

Θ. ΔΟΥΛΕΨΤΕ ΑΝΑΛΟΓΑ: τό ποδόσφαιρο, τά σπόρ, τό διάβασμα, η διάλεξη, η συναυλία, τό πρόγραμμα, οι εκδρομές, οι κάλτσες, τό πάρτι.

1. INFORMAL	2. FORMAL
-Γειά σου.	Χαίρετε
-Καλησπέρα.	Καλησπέρα σας
-Έλληνας είσαι;	είστε
-Έλληνας. Εσύ ξένος;	Εσείς
-Άγγλος είμ' εγώ.	
-Άγγλος!...Μάλιστα.	
Πόσον καιρό έχεις εδώ;	έχετε
-Ένα χρόνο. Πέρσι ήρθα.	
-Σοβαρά; Στήν Αθήνα μένεις;	μένετε
-Ναί, στά Ιλίσια. Μέ κάτι	
Έλληνες φίλους.	
-Τί δουλειά κάνεις, άν επιτρέπεται;	κάνετε
-Καθηγητής Αγγλικών.	
-Ά, πολύ ενδιαφέρον αυτό.	
Καί μιλάς Ελληνικά...ΘΑΥΜΑ!	μιλάτε
-Ε, δέ μιλάω πολλά. Λίγα μιλάω.	
-Μωρέ, μιά ΧΑΡΑ τά μιλάς! Μπράβο!	Μωρέ-μιλάτε-Μπράβο σας!
-Εσύ μιλάς Αγγλικά;	Εσείς μιλάτε
-Νά σού πώ...Αρκετά καταλαβαίνω	σάς
αλλά λίγα μιλάω. Δυστυχώς.	
-Πώς σέ λένε;	Τό όνομά σας;
-Γιώργο. Εσένα;	Γιώργος Φωκάς. Εσείς;
-Πίτερ.	Πίτερ Ρόθ. Χαίρω πολύ.

-<u>Εγώ</u> πολλά Ελληνικά <u>καταλαβαίνω</u> αλλά λίγα <u>μιλάω</u>.

Εσύ   καταλαβαίνεις   μιλάς

Αυτός   καταλαβαίνει   μιλάει

Αυτή   "   "

Εμείς   καταλαβαίνουμε   μιλάμε

Εσείς   καταλαβαίνετε   μιλάτε

Αυτοί   καταλαβαίνουν   μιλάνε

Αυτές   "   "

	A ENDINGS	**B** ENDINGS
SUBJECT (Personal Pronoun)	καταλαβαίν <u>ω</u>	μιλ <u>άω</u>
	<u>εις</u>	<u>άς</u>
	<u>ει</u>	<u>άει</u>
	<u>ουμε</u>	<u>άμε</u>
	<u>ετε</u>	<u>άτε</u>
	<u>ουν</u>	<u>άνε</u>

For alternative endings check p.185 .

Α.

1. (Εγώ)

   Πεινάω, μωρέ.
   Θέλω νά φάω κάτι...

2. Αλλά τι; Ένα δίφραγκο
   έχω όλο κι όλο.

3. Πάω σπίτι. Καλύτερα.

4. Μπαίνω, ανάβω τό φώς,
   κλείνω τήν πόρτα...

5. ανοίγω τό ψυγείο...
   Από φαΐ...ΤΙΠΟΤΑ!
   Ως συνήθως...

6. Τά κουλουράκια
   πού είναι;
   Στήν κουζίνα είναι;
   Μμ...Δέ νομίζω...

7. Ά, βεβαίως!
   Ξέρω πού είναι!

8. Στό σαλόνι,
   μέσα στόν μπουφέ.
   Νάτα!

Β.

1. Τόση ώρα ψάχνω γιά
   δωμάτιο καί τίποτα
   δέν έχω βρεί ακόμα.

2. Στό "Ετζίαν Πάλας"
   μόνο έχει. Αλλά εκεί
   είναι πολύ ακριβά:

   Μονόκλινο εξακόσιες,
   δίκλινο χίλιες!

3. Άν νοικιάσω, δηλαδή,
   γιά δύο βράδυα
   θά πληρώσω...
   τς, τς, τς...

4. ΠΟΛΛΑ ΛΕΦΤΑ!

Γ.

1. Ρωτάω

2. κι απαντάω
   Ελληνικά.

3. Μαθαίνω
   καινούργιες λέξεις.

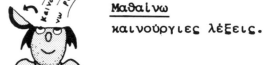

Δ. ΤΩΡΑ ΔΙΚΕΣ ΣΑΣ ΑΛΛΑΓΕΣ (Α,Β,Γ): (Εγώ)→(Εμείς),(Αυτός).....

I.

2.ΑΛΛΑΓΗ:

-Από τήν Αμερική είστε;

-Ναι, από τις Ηνωμένες Πολιτείες.

-Στήν Ελλάδα...μόνος σας μένετε;

-Μέ τήν φίλη μου.

-...Αμερικανίδα κι η...αρραβωνιαστικιά σας;

-Όχι...<u>Ελληνίδα</u> είναι.   Αγγλίδα

-Μάλιστα. Καί οι γονείς σας;

-Στίς Ηνωμένες Πολιτείες, φυσικά.

-Από ποιό μέρος ακριβώς; Από ποιά πολιτεία;

-Από <u>τήν Καλιφόρνια</u>. Εκεί γεννήθηκα, δηλαδή.   τό Τέξας

-<u>Καλιφόρνια</u>! Τς, τς, τς...ΠΟΛΥ μακριά!   Τέξας

 Καί...μέ τι ασχολείσθε, άν επιτρέπεται;

-<u>Φοιτητής</u>.   Μηχανολόγος

-Μπράβο, παιδί μου. <u>Τί σπουδάζετε;</u>   Πού δουλεύετε

-<u>Αρχαιολογία</u>.   Σέ μιά εταιρεία

σέ λίγο

αυτή τήν στιγμή

πρίν από λίγο

-Λέγετε!

-Παρακαλώ ο Νίκος μήπως είν' εκεί;

-Ά, τόν Νίκο θέλετε; Δέν είν' εδώ
ο ίδιος αυτή τήν στιγμή. Έφυγε
πρίν από λίγο. Η μητέρα του είμαι.
Ποιός τηλεφωνεί;

-Κάποιος φίλος του από τήν Πάτρα.

-Φίλος τού Νίκου από τήν Πάτρα;
Πώς λέγεστε;

-Βασίλης.

-Ά, μάλιστα. Έχω ακουστά. Θέλετε νά
τού πώ τίποτα, παιδί μου;
Σέ λίγο θά γυρίσει, πιστεύω.

-Τού λέτε νά μέ πάρει,
άν έχετε τήν καλοσύνη;

-Ευχαρίστως.
Τόν αριθμό σας τόν έχει;

-Τόν έχει, τόν έχει.

ΑΛΛΑΓΕΣ:

1.	2.	3.	4.	5.
N	 K	M	 N	Σ
ο Νίκος	ο Κώστας	ο Μίμης	η Νίκη	η Σούλα
τόν Νίκο	τόν Κώστα	τόν Μίμη	τήν Νίκη	τήν Σούλα
ο ίδιος	ο ίδιος	ο ίδιος	η ίδια	η ίδια
του	του	του	της	της
του	του	του	της	της
τού Νίκου	τού Κώστα	τού Μίμη	τής Νίκης	τής Σούλας
τού	τού	τού	τής	τής
Τού	Τού	Τού	Τής	Τής

Α. ☞ ΚΟΙΤΑΞΤΕ!

Παιδιά, κοιτάξτε! Η Ακρόπολη! Τς, τς, τς... Τι όμορφη, ε;
Όπως στις κάρ-ποστάλ!

Μπά, τι λες! Στις κάρ-ποστάλ έχει καλύτερα χρώματα!

Μαμά, δώσε μου κι άλλο σοκολατάκι!
ΜΟΝΟ ένα! ΣΕ παρακαλώ!

Β. ☞ ΡΩΤΗΣΤΕ ΠΡΙΝ ΕΙΝ' ΑΡΓΑ!

—Συγνώμη, πού είναι
η τουαλέτα σας;
—Ευθεία στό βάθος, κύριε.

Γ. ☞ ΦΩΝΑΞΤΕ!

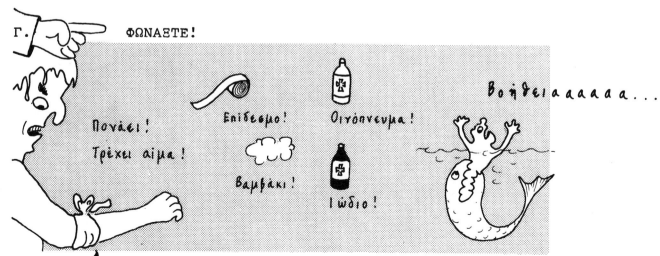

Πονάει!
Τρέχει αίμα!

Επίδεσμο!

Βαμβάκι!

Οινόπνευμα!

Ιώδιο!

Βοήθειααααα...

ΒΟΥΛΑ ΚΑΙ ΜΑΡΙΑ

ΒΟΥΛΑ: Άχ, πολύ μ'αρέσει

ο Νίκος. Ψηλός, λεπτός,

μελαχρινός...

ΚΟΥΚΛΟΣ είναι.

ΜΑΡΙΑ: Εμένα μ'αρέσει

ο Τάκης μου.*

Ψηλός, ξανθός

μὲ μουστάκι...

ΒΟΥΛΑ: Λεπτός είναι;

ΜΑΡΙΑ: Ἐ...μέτριος.

ΒΟΥΛΑ: Ο Τάκης έχει κι έναν

μικρό αδελφό,

ἀν δὲν κάνω λάθος.

Πώς λέγεται;

ΜΑΡΙΑ: Μηνάς. Είναι πιό

κοντός από τόν Τάκη.

Καὶ λίγο

χοντρούλης.

---

*ΘΥΜΑΣΤΕ;   Ο Τάκης μου

ᴢⅢ

Α. ΤΟΛΗΣ ΚΑΙ ΜΠΑΜΠΗΣ

ΤΟΛΗΣ: Πολύ μ'αρέσει η Μαίρη.

Ψηλή, λεπτή...

ΚΟΥΚΛΑ είναι!

ΜΠΑΜΠΗΣ: Μελαχρινή;

ΤΟΛΗΣ: Όχι, όχι. Ξανθιά.

ΜΠΑΜΠΗΣ: Εμένα μ' αρέσει η Άννα.

ΤΟΛΗΣ: Ποιά Άννα; Δέν τήν

ξέρω. Λεπτή είναι;

ΜΠΑΜΠΗΣ: Λίγο χοντρούλα.

ΤΟΛΗΣ: Κοντή;

ΜΠΑΜΠΗΣ: Μπά, όχι κοντή.

Μέτρια θά' λεγα μάλλον.

ΤΟΛΗΣ: Μελαχρινή;

ΜΠΑΜΠΗΣ: Όχι, μάλλον καστανή.

Β. ΔΙΑΛΕΞΤΕ ΜΟΝΟΙ ΣΑΣ:

Ο Νίκος,   ο Τάκης,   ο Μηνάς

Η Μαίρη,   η Άννα

είναι

δέν είναι

ψηλός – ή

κοντός – ή

λεπτός – ή

χοντρούλης – α

μέτριος – α

ξανθός – ιά

καστανός – ή

μελαχρινός –ή

86

A. Είμαι...

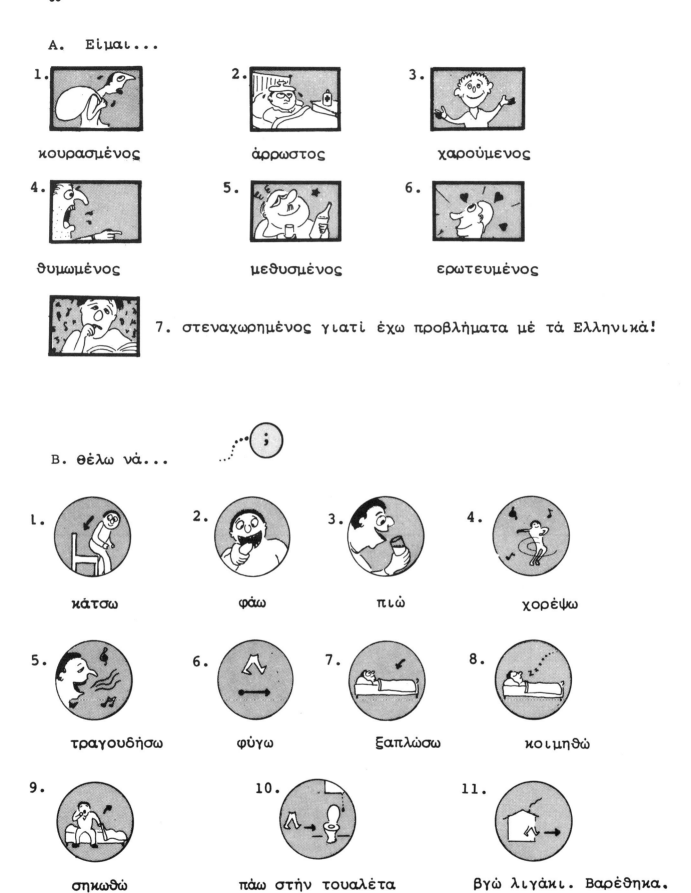

1. κουρασμένος

2. άρρωστος

3. χαρούμενος

4. θυμωμένος

5. μεθυσμένος

6. ερωτευμένος

7. στεναχωρημένος γιατί έχω προβλήματα μέ τά Ελληνικά!

Β. θέλω νά...

1. κάτσω

2. φάω

3. πιώ

4. χορέψω

5. τραγουδήσω

6. φύγω

7. ξαπλώσω

8. κοιμηθώ

9. σηκωθώ

10. πάω στήν τουαλέτα

11. βγώ λιγάκι. Βαρέθηκα.

Α. —Πού τό πάρκαρες τό αμάξι, Ελένη;

1. Μπροστά στό σπίτι.   2. Κοντά στό σπίτι   3. Μακριά από τό σπίτι.

Β. —Ελενίτσα, βάλε αμέσως...

 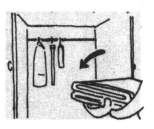 

1. τά πιάτα μέσα στό ντουλάπι!   2. τίς κουβέρτες στήν ντουλάπα!   3. τήν φωτογραφία στόν τοίχο!

4. τίς παντόφλες κάτω από τό κρεβάτι!   5. καθαρά σεντόνια στό κρεβάτι!

 **Γ.**

—Βγάλε τόν σκύλο έξω, παιδί μου.

Δέν μπορεί άλλο μέσα στό σπίτι. Θέλει νά βγεί στήν αυλή.

 ΣΤΗΝ ΕΛΛΑΔΑ*

Α.

—Πόσον καιρό έχετε στήν Ελλάδα;

—Ένα μήνα ακριβώς. Σήμερα έχουμε

30 Ιουνίου. Τόν περασμένο μήνα

ήρθα, 30 Μαΐου.

Β.

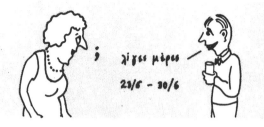

—Έχετε πολύν καιρό στήν Ελλάδα:

—Μόνο λίγες μέρες.

—Πόσες μέρες δηλαδή; Καμιά 'βδομάδα;

—Μία εβδομάδα ακριβώς.

Γ.

—Πόσον καιρό έχεις εδώ;

—Τρεις μήνες.

—Τι λές! Πρίν από

τρεις μήνες ήρθες;

—Ναι, τόν Απρίλιο.

Δ.

—Έχεις καιρό στήν Ελλάδα;

—Δύο εβδομάδες.

Τήν περασμένη...

τήν προπερασμένη 'βδομάδα

ήρθα. Στις 17 τού μηνός.

ώρες

μέρες

εβδομάδες

μήνες

χρόνια

Ε.

—Πόσα χρόνια έχεις εδώ;

—Δύο χρόνια. Πέρσι, πρόπερσι ήρθα.

Τέτοιον καιρό, Ιούλιο.

—Σοβαρά; Τι ζώδιο είσαι;

Περνάς συχνά από 'δώ;

Τό ξέρεις πώς έχεις ωραία μάτια;

Από τήν πρώτη στιγμή πού σέ είδα...

* Α, Β FORMAL/ Γ, Δ, Ε INFORMAL

ΝΑ ΤΡΑΓΟΥΔΗΣΟΥΜΕ ΛΙΓΑΚΙ;

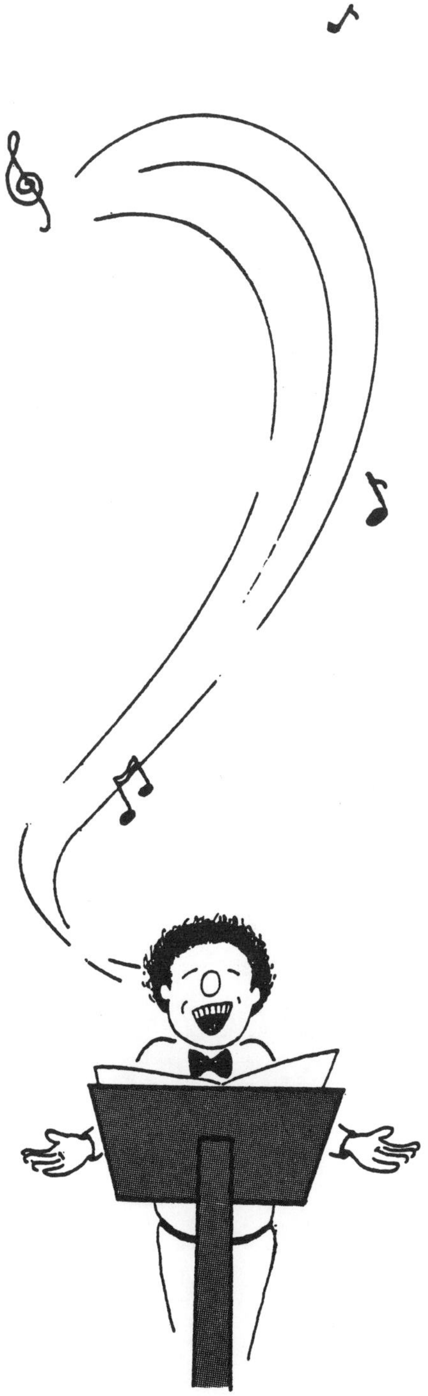

-Πόσα χρόνια έχεις εδώ;

-Δύο χρόνια. Πέρσι, προπέρσι ήρθα.

Τέτοιον καιρό, Ιούλιο.

-Σοβαρά; Τί ζώδιο είσαι;

Περνάς συχνά από 'δώ;

Τό ξέρεις πώς έχεις ωραία μάτια;

Από τήν πρώτη στιγμή πού σέ είδα...

* ΠΡΟΣΕΞΤΕ! In "Σοβαρά" above we are
introduced to a triple pitch within the same vowel a̱.

A. ΝΑ ΜΙΛΗΣΟΥΜΕ ΛΙΓΑΚΙ; (PAIR-INTERVIEWS, see p. 18)

1. Τι χρώμα είναι τά μάτια σου; Τά μαλλιά σου;

2. Πότε ήρθες / θά πάς / πήγες στήν Ελλάδα; Σέ ποιό μέρος

   ακριβώς; (πόλη, νησί, χωριό, ξενοδοχείο, σέ συγγενείς/φίλους...)

3. Πότε γεννήθηκες; Τί ζώδιο είσαι;

B. ΤΙ ΛΕΙΠΕΙ; (ΓΡΑΨΤΕ)

1. Έλα νά σού δ_____ένα φ_____,

   αγάπη μου.

2.-Πού τό πάρκαρες τό_____;

   -Κ_____στό σπίτι.

   Παρακάτω,_____γωνία.

3.-Έχεις πολύν_____στήν Ελλάδα;

   -Όχι, μόνο λ_____μέρες.

Γ. ΦΤΙΑΞΤΕ/ΓΡΑΨΤΕ ΕΡΩΤΗΣΕΙΣ

   ΚΙ ΑΠΑΝΤΗΣΕΙΣ ΜΕ ΤΙΣ ΛΕΞΕΙΣ:

Δ. ΓΡΑΨΤΕ ΚΙ ΑΛΛΑ:

1. πού   →   2. κοντά

2. κρατήσει →   4. μέρες

5. δίνετε   →   6. στιγμή

7. μόνος   →   8. μέ

9. πρίν   →   10. ναί

11. αρέσει   →   12. όχι

13. μονόκλινο → 14. δίκλινο

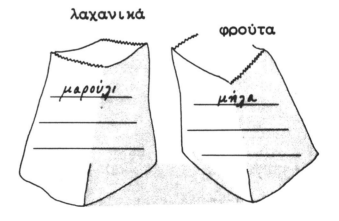

6

ΚΑΘΗΜΕΡΙΝΕΣ ΤΡΑΓΩΔΙΕΣ

-Πώ πώ! Φίσκα κι αυτό
 πού έρχεται.

-Ανοιξτε, καλέ!
-Δέν παίρνει άλλο, κυρία μου.
 Τί νά σάς κάνω;
-Μά ΠΕΝΤΕ περάσανε καί
 δέ σταματήσανε.
 Δέν είμαστε ζώα!
-Κι εγώ τί σάς φταίω, μαντάμ;

-Δέ μού λέτε,
 από Ζωγράφου περνάει;
-Τί στάση θέλετε;
-Φανάρι.
 Θά μού πείτε, έτσι;
 Μήν ξεχάσετε!
-Θυμάμαι, θυμάμαι.
 Καθίστε.

-ΦΑΝΑΡΙ!
-ΣΤΑΣΗ!
 Συγνώμη, σάς παρακαλώ,
 νά κατέβω.

Αμάν πιά
τά λεωφορεία τους!
Μαρτύριο!
Πάνε-έλα μιά ΖΩΗ!!

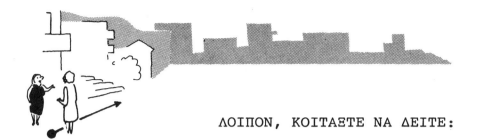

ΛΟΙΠΟΝ, ΚΟΙΤΑΞΤΕ ΝΑ ΔΕΙΤΕ:

Α. Παίρνετε τὴν Καρατάσου, συνεχίζετε
δύο τετράγωνα καὶ φτάνετε στὴν γωνία
Καρατάσου καὶ Ερεχθείου.
Εκεί εἶναι τὸ εστιατόριο, δεξιά σας.

Β. Παίρνετε τὴν Ζαχαρίτσα, περνάτε
τὴν Προπυλαίων καὶ τὴν Ερεχθείου
καὶ μετά φτάνετε στὴν γωνία
Ζαχαρίτσα καὶ Παρθενώνος.
Εκεί εἶναι η τράπεζα, αριστερά σας.

Γ. Παίρνετε τὴν Βεΐκου καὶ στρίβετε
δεξιά στὴν Προπυλαίων.
Εκεί εἶναι η εκκλησία, αριστερά σας
επί τῆς Προπυλαίων.

Δ. Παίρνετε τὴν Βεΐκου καὶ στρίβετε
δεξιά στὴν Προπυλαίων. Περνάτε
τὴν Δημητρακοπούλου καὶ φτάνετε
στὴν πλατεία. Εκεί εἶναι ο ξενώνας,
δεξιά σας.

-ΚΩΣΤΑΚΗ!

Πάλι <u>παίζεις μπάλα</u>;

Γιατί δέ μελετάς ποτέ,

βρέ παιδάκι μου;

Δέν έχεις σχολείο αύριο; Ε;

Δέν έχεις μάθημα;

Εσύ όλο <u>μπάλα, μπάλα, μπάλα</u>!

Πρωί, μεσημέρι, βράδυ: <u>μπάλα</u>!

Τί θά γίνει μ'εσένα;

Μπορείς νά μού πεις;

ΑΛΛΑΓΕΣ:

1. παίζεις μπάλα

   μπάλα...

2. διαβάζεις Μίκι Μάους

   Μίκι Μάους...

3. βλέπεις τηλεόραση

   τηλεόραση...

4. ακούς μουσική

   μουσική...

5. μιλάς στό τηλέφωνο

   τηλέφωνο...

6. τρώς

   φαΐ...

Παίζ ω   (μπάλα)
    εις
    ει
    ουμε   A endings
    ετε
    ουν

ΟΠΩΣ ΚΑΙ: ξέρ<u>ω</u>, έχ<u>ω</u>, κάν<u>ω</u>.

Μιλ άω   (γρήγορα)
    άς
    άει
    άμε   B endings
    άτε
    άνε

ΟΠΩΣ ΚΑΙ: πά<u>ω</u>, περν<u>άω</u>, αγαπ<u>άω</u>.

DISTINCTIONS.

A endings: consonant before final, non-accented <u>ω</u>.
B endings: vowel <u>ά</u> before final, non-accented <u>ω</u>.
Bχ endings: vowel other than <u>ά</u> before final, non-accented <u>ω</u>.

NOTES.

B endings differ from Bχ in terms of the crucial vowel preceding the final <u>ω</u>.
Bχ includes few but important verb forms.
Remember that the categories of endings presented above are NOT limited to the present tense (e.g. θά φά<u>ω</u>, νά έρθ<u>ω</u>).

Λ έω   (ανοησίες)
    ές
    έει
    έμε   Bχ endings
    έτε
    ένε

Ακ ούω   (τζάζ)
    ούς
    ούει
    ούμε   Bχ endings
    ούτε
    ούνε

Τρ ώω   (μέ όρεξι)
    ώς
    ώει
    ώμε   Bχ endings
    ώτε
    ώνε

Εγώ	μπορ	ώ	νά	π	άω
Εσύ		είς			άς
Αυτός		εί			άει
Εμείς		ούμε			άμε
Εσείς		είτε			άτε
Αυτοί		ούν			άνε

Γ ENDINGS

consonant before
final accented <u>ώ</u>

-Μπορώ νά πάω
στό σινεμά
μέ τά πόδια.
Δέν είναι μακριά.
Εδώ κοντά είναι.

-Μπορώ νά πάω
στό σινεμά, μπαμπά;
Δέν έχω διάβασμα.
ΣΕ παρακαλώ!

ΠΡΟΣΟΧΗ: Τό "μπορεί" (3)
ΔΕΝ αλλάζει. Δηλαδή:
Μπορεί νά πάω
  "   πάς
  "   πάει
         ...

-Μπορεί νά πάω
στό σινεμά αλλά
μπορεί νά πάω
καί στό θέατρο.*
θά δούμε...

---

* <u>καί</u> στό θέατρο : <u>καί</u> here functions as "<u>also</u>"

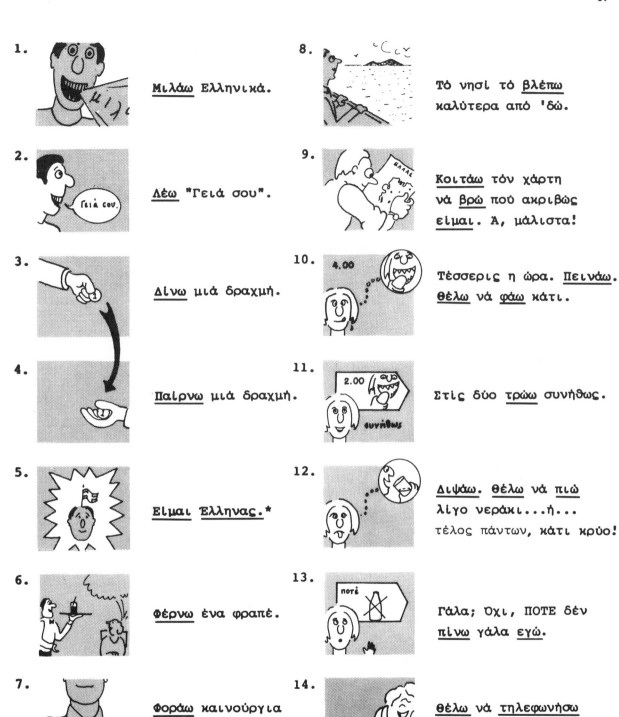

1. Μιλάω Ελληνικά.

2. Λέω "Γειά σου".

3. Δίνω μιά δραχμή.

4. Παίρνω μιά δραχμή.

5. Είμαι Έλληνας.*

6. Φέρνω ένα φραπέ.

7. Φοράω καινούργια γραβάτα.

8. Τὸ νησί τὸ βλέπω καλύτερα από 'δώ.

9. Κοιτάω τόν χάρτη νά βρώ πού ακριβώς είμαι. Α, μάλιστα!

10. Τέσσερις η ώρα. Πεινάω. Θέλω νά φάω κάτι.

11. Στις δύο τρώω συνήθως.

12. Διψάω. Θέλω νά πιώ λίγο νεράκι...ή... τέλος πάντων, κάτι κρύο!

13. Γάλα; Όχι, ΠΟΤΕ δέν πίνω γάλα εγώ.

14. Θέλω νά τηλεφωνήσω στήν Αγγλία και νά τό χρεώσω εκεί.

ΑΛΛΑΓΕΣ: (Εγώ) → (Αυτός)...κ.τ.λ.

* (ο) Έλληνας, (η) Ελληνίδα / (οι) Έλληνες, (οι) Ελληνίδες.

ΣΥΝΗΘΩΣ

ΣΗΜΕΡΑ   πάω

"Συνήθως" here introduces the
General Present (I do);
"Σήμερα" introduces the
Real Present (I'm doing).
Remember that for all Greek
verbs the same form covers
both meanings.

1.

-Συνήθως <u>πάω</u> στό γραφείο μέ τό ταξί.

Σήμερα πρώτη ΦΟΡΑ <u>πάω</u> μέ τά πόδια.

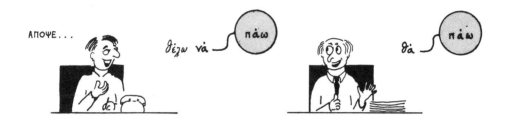

2.

-θέλω νά πάω   -Εγώ ΣΙΓΟΥΡΑ <u>θά πάω</u>!

στήν Πλάκα απόψε...

* <u>Νά</u> introduces intention, expectation. In <u>θέλω νά πάω</u> the reality is
<u>θέλω</u> (main verb form); <u>νά πάω</u> is the intention (Subjunctive form).
The student will recall other common Greek verbs preceding the
Subjunctive (pp. 61, 86).

<u>θά</u> introduces definite future action; <u>θά πάω</u> is the Simple Future of
<u>πάω</u>.

Though Greek verbs utilize one form for both General and Real Present,
only very few (like <u>πάω</u>) utilize that same form after <u>θά</u> and <u>νά</u> to
form their Simple Future/Subjunctive. Usually things are a little
more complicated...

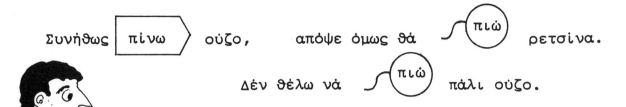

Συνήθως πίνω ούζο, απόψε όμως θά πιώ ρετσίνα.

Δέν θέλω νά πιώ πάλι ούζο.

The verb "to drink" then, like most Greek verbs, utilizes one form for the Present (πίνω) and another form after θά/νά (πιώ) for the Simple Future/Subjunctive. Here are a few more:

PRESENT   FUTURE/SUBJUNCTIVE (SIMPLE)

θά/νά

πίνω	(A)	πιώ	(Γ)
τρώω	(Βχ)	φάω	(B)
μιλάω	(B)	μιλήσω	(A)
τηλεφωνώ	(Γ)	τηλεφωνήσω	(A)
πάω	(B)	πάω	(B)

Once the two forms are memorized in the first person,(e.g. πίνω-πιώ) the student can then identify the kind of endings (A, B, Βχ, Γ) needed to conjugate either. With the above list we can now try the following drill:

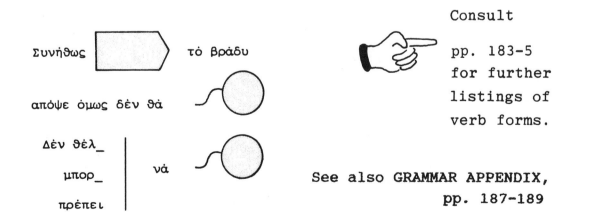

Συνήθως   τό βράδυ

απόψε όμως δέν θά

Δέν θέλ_
μπορ_   νά
πρέπει

Consult

pp. 183-5 for further listings of verb forms.

See also GRAMMAR APPENDIX, pp. 187-189

ΘΕΛΕΤΕ ΝΑ ΔΕΙΤΕ
ΦΩΤΟΓΡΑΦΙΕΣ;

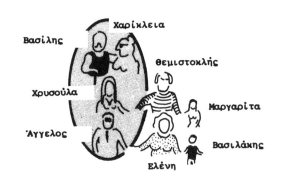

Βασίλης

Εδώ είμαστε στήν Αθήνα.
Ο εγγονός μου ο Βασιλάκης,
η νύφη μου, ο γιός μου,
κι εγώ μαζί μέ τήν
γυναίκα μου, τήν Χαρίκλεια.

Εδώ είμαστε στήν Μύκονο
τό καλοκαίρι. Η εγγονή μου,
η κόρη μου, ο γαμπρός μου
καί ο Βασίλης, ο άντρας μου.
Εγώ άκρη-άκρη.

Χαρίκλεια

Κι εγώ είμ' η Ζηνοβία, η γάτα τού σπιτιού.
Δέν είμαι παντρεμένη, βεβαίως. Εγώ είμ'
ελεύθερη...Πάντως έχω πολλά παιδιά...
Δέ θυμάμαι ακριβώς πόσα...

Χρυσούλα

Εδώ είμαστε στό χωριό πέρσι τό Πάσχα.
Η κόρη μου, εγώ, ο άντρας μου, ο αδελφός μου,
η νύφη μου και ο Βασιλάκης, ο ανιψιός μου.
ΠΑΡΑ πολύ ωραία περάσαμε. Πραγματικό ΠΑΣΧΑ!

Εδώ είν' η κόρη μου στό χωριό τό καλοκαίρι.
Ο παππούς της κι η γιαγιά της...
Έμεινε καναδυό μήνες μαζί τους.
ΜΕΓΑΛΗ αδυναμία τής έχουν.

Θεμιστοκλής

Άγγελος

Εδώ είμαστε στόν Πειραιά τά Χριστούγεννα.
Η ανιψιά μου, η αδελφή μου, ο γαμπρός μου
ο Θεμιστοκλής, εγώ, η γυναίκα μου, ο γιός μου,
όλοι μαζί.

Ελένη

Εδώ είμαστε
στήν Θεσσαλονίκη.
Εγώ, ο άντρας μου,
οι γονείς του: Ο πεθερός μου κι η πεθερά μου.
Και ο κουνιάδος μου ο Θεμιστοκλής.

ΔΙΑΛΕΞΤΕ ΚΑΙ ΦΙΑΞΤΕ ΠΡΟΤΑΣΕΙΣ ΓΙΑ ΤΗΝ ΙΣΤΟΡΙΑ ΜΑΣ.

Ο	Βασίλης		άντρας	πατέρας	γιός			Βασίλη
	Άγγελος		αδελφός	ξάδελφος	θείος	ανιψιός	τού	Άγγελου
	Θεμιστοκλής		πεθερός	γαμπρός	κουνιάδος			Θεμιστοκλή
	Βασιλάκης		παππούς	εγγονός				Βασιλάκη
		είναι						
	Χαρίκλεια		γυναίκα	μητέρα	κόρη			Χαρίκλειας
	Χρυσούλα		αδελφή	ξαδέλφη	θεία	ανιψιά		Χρυσούλας
Η	Ελένη		πεθερά	νύφη	κουνιάδα		τής	Ελένης
	Μαργαρίτα		γιαγιά	εγγονή				Μαργαρίτας
	Ζηνοβία		γάτα					Ζηνοβίας

ΗΛΙΚΙΑ

−Δέ μού λές, Νίκο...

Ο πατέρας σου πόσων χρονών είναι;

−Ο πατέρας μου; Εξήντα δύο

θά πρέπει νά 'ναι.

ΑΛΛΑΓΕΣ:

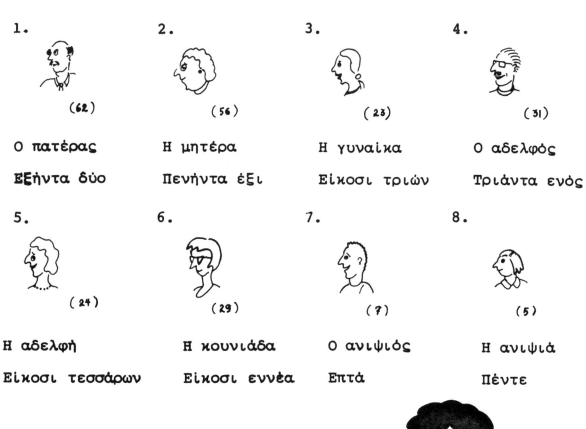

1.

(62)

Ο πατέρας

Εξήντα δύο

2.

(56)

Η μητέρα

Πενήντα έξι

3.

(23)

Η γυναίκα

Είκοσι τριών

4.

(31)

Ο αδελφός

Τριάντα ενός

5.

(24)

Η αδελφή

Είκοσι τεσσάρων

6.

(29)

Η κουνιάδα

Είκοσι εννέα

7.

(7)

Ο ανιψιός

Επτά

8.

(5)

Η ανιψιά

Πέντε

Κι εσείς, άν επιτρέπεται,
πόσων χρονών είστε;

Ε... εσείς πόσο μέ κάνετε;

-<u>Ακριβός</u> ήταν <u>ο γιατρός;</u>
-Μπά, όχι. <u>Φτηνός</u> ήταν,
πολύ <u>φτηνός</u>.

| ακριβός -ή -ό
οι -ές -ά | φτηνός -ή -ό
οι -ές -ά | .... SINGULAR
.... PLURAL |

ADJECTIVES   NOUNS   GENDERS

ΑΛΛΑΓΕΣ:

1.
Ακριβός -ο γιατρός
Φτηνός

2.
Ακριβός -ο χάρτης
Φτηνός

3.
Ακριβός -ο αναπτήρας
Φτηνός

-ος   -ος
-ης
-ας   ♂

4.
Ακριβοί -οι γιατροί
Φτηνοί

5.
Ακριβοί -οι χάρτες
Φτηνοί

6.
Ακριβοί -οι αναπτήρες
Φτηνοί

-οι   -οι
-ες
-ες   ♂

7.
Ακριβή -η ζώνη
Φτηνή

8.
Ακριβή -η μπλούζα
Φτηνή

9.
Ακριβή -η ένεση
Φτηνή

-η   -η
-α
-η   ♀

10.
Ακριβές -οι ζώνες
Φτηνές

11.
Ακριβές -οι μπλούζες
Φτηνές

12.
Ακριβές -οι ενέσεις
Φτηνές

-ες   -ες
-ες
-εις   ♀

13.
Ακριβό -τό ψυγείο
Φτηνό

14.
Ακριβό -τό τραπέζι
Φτηνό

15.
Ακριβό -τό φόρεμα
Φτηνό

-ο   -ο
-ι
-α   ⊗

16.
Ακριβά -τά ψυγεία
Φτηνά

17.
Ακριβά -τά τραπέζια
Φτηνά

18.
Ακριβά -τά φορέματα
Φτηνά

-α   -α
-ια
-ατα   ⊗

ΚΑΙΝΟΥΡΓΙΟ / ΠΑΛΙΟ *

-Λοιπόν, αυτό είναι τό καινούργιο ψυγείο
 πού αγοράσαμε. Σάς αρέσει;
-Ά, πολύ μ'αρέσει, κυρία Φωτίκα μου.
 ΠΟΛΥ όμορφο! Τό παλιό πού είχατε πού είναι;
-Τό δώσαμε στήν ξαδέλφη μου.

ΑΛΛΑΓΕΣ:

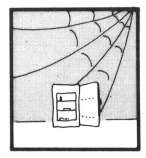

1.
αυτό -τό καινούργιο ψυγείο -αρέσει
αρέσει -όμορφο -Τό παλιό -Τό

2.
αυτή -η καινούργια κουζίνα -αρέσει
αρέσει -όμορφη -Η παλιά -Τήν

3.
αυτός -ο καινούργιος καθρέφτης -αρέσει
αρέσει -όμορφος -Ο παλιός -Τόν

4.
αυτά -τά καινούργια ράφια -αρέσουν
αρέσουν -όμορφα -Τά παλιά -Τά

5.
αυτές -οι καινούργιες πολυθρόνες -αρέσουν
αρέσουν -όμορφες -Οι παλιές -Τις

---

* καινούργιος -α -ο / παλιός -ά -ό
    οι   ες   α   οί   ές   ά

105

A.

-Πού πάτε, παιδιά;

-<u>Στό γαλακτοπωλείο</u>
εδώ παρακάτω.

-Μπά! <u>Ανοιχτό</u> είναι
<u>τό γαλακτοπωλείο</u>;

-Βεβαίως!

-Τί ώρ' ανοίγει;

-Στίς <u>οκτώ τό πρωί</u>.
Καί κλείνει, νομίζω,
στίς <u>δέκα τό βράδυ</u>.

ΑΛΛΑΓΕΣ:

1.	2.	3.	4.	5.
8.00	8.30	7.45	8.15	8.45
10.00	5.30	7.30	12.30	4.30
Στό γαλακτοπωλείο	Στό μουσείο	Στόν φούρνο	Στήν τράπεζα	Στήν βιβλιοθήκη
Ανοιχτό	Ανοιχτό	Ανοιχτός	Ανοιχτή	Ανοιχτή
τό γαλακτοπωλείο	τό μουσείο	ο φούρνος	η τράπεζα	η βιβλιοθήκη
8.00 τό πρωί	8.30 τό πρωί	7.45 τό πρωί	8.15 τό πρωί	8.45 τό πρωί
10.00 τό βράδυ	5.30 τό απόγευμα	7.30 τό βράδυ	12.30 τό μεσημέρι	4.30 τό απόγευμα

B. 8.00 τό πρωί = 8.00 πρό μεσημβρίας = 8.00 π.μ.

10.00 τό βράδυ = 10.00 μετά μεσημβρίαν = 10.00 μ.μ.

NA ΤΡΑΓΟΥΔΗΣΟΥΜΕ ΛΙΓΑΚΙ; (ΟΤΑΝ ΖΗΤΑΜΕ ΠΛΗΡΟΦΟΡΙΕΣ)

A.

1. Ποιός θά πάει στόν Πόρο;   Ο Νίκος.

2. Τί θά κάνει ο Νίκος;   Θά πάει.

3. Πού θά πάει ο Νίκος;   Στόν Πόρο.

4. Στόν Πόρο θά πάει ή στήν Ύδρα;   Στόν Πόρο.

B. ΑΚΟΥΣΤΕ ΤΗΝ ΔΙΑΦΟΡΑ:

1. Ποιός θά πάει στά Μέθανα;

2. Ποιός θά πάει στόν Πόρο;

3. Ποιός θά πάει στήν Κώ;

Γ. ΤΑ ΛΕΜΕ ΚΑΙ ΤΑ ΔΥΟ:

1. Ποιός θά πάει στόν Πόρο;

2. Ποιός θά πάει στόν Πόρο;

ΝΑ ΤΡΑΓΟΥΔΗΣΟΥΜΕ ΛΙΓΑΚΙ;   (ΟΤΑΝ ΡΩΤΑΜΕ ΝΑΙ/ΟΧΙ)

1.   (Ποιός;)   Ο Νίκος θά πάει στόν Πόρο;

Ναί, ο Νίκος.

Όχι, ο Κώστας.

2. (Θά πάει;)   Ο Νίκος θά πάει στόν Πόρο;

Ναί, θά πάει.

Όχι, δέν θά πάει.

3.   (Πού;)   Ο Νίκος θά πάει στόν Πόρο;

Ναί, στόν Πόρο.

Όχι, στήν Ύδρα.

4.   (Δέν...;)   Δέν θά πάει ο Νίκος στόν Πόρο;

Ναί, θά πάει.

Όχι, δέν θά πάει.

BASIC INTONATION PATTERNS

Though all questions ask for information, we can distinguish between
NAI/OXI questions (p.107) and OTHER INFORMATION questions (p.106).

PAGE 106 : In A1, A2, A3 observe high pitch over accented syllable of
question word (Ποιός; Τί; Πού;) and low pitch under accented syllable
of last word before the question mark. A4, introducing choice,
receives high pitch over crucial word ἤ.
Observe in B1, B2, B3 how the same pattern may stretch or shrink.
Finally in Γ2, note the simpler alternative of ignoring the last-word
dip. Γ1 will be preferred for playfulness, Γ2 for abruptness or
simply for a faster speed in speech.

PAGE 107 : Observe low pitch under accented syllable of key-inquiry
word (Νίκος, πάει, Πόρο, Δέν). The last word will have a high pitch
over its accented syllable, then a low finale - UNLESS the last word
is the key-inquiry word (e.g. #3: shrunk pattern).

Α. ΔΩΣΤΕ ΠΕΡΙΣΣΟΤΕΡΗ ΕΜΦΑΣΗ:

1. Εγώ διαβάζω κάθε απόγευμα.   (Ποιός;)

2. Εγώ διαβάζω κάθε απόγευμα.   (Τί κάνεις;)

3. Εγώ διαβάζω κάθε απόγευμα.   (Κάθε πότε;)

Β. ΝΑ ΜΙΛΗΣΟΥΜΕ ΛΙΓΑΚΙ;   (PAIR-INTERVIEWS, see p. 18)

1. Τί ώρα τρώνε οι Έλληνες; Καί στήν
   πατρίδα σου τι ώρα τρώει ο κόσμος;
   Τά φαγητά πώς διαφέρουν;
2. Πές μου κάτι γιά τούς συγγενείς σου.
3. Πόσον καιρό κάνεις Ελληνικά; Πού; Κάθε πότε;
4. Ποιό είναι τό πρόβλημα μέ τά λεωφορεία στήν Αθήνα;

ΒΟΗΘΕΙΑ!
Τί θά πεί _____;
Πώς θά πεί _____;

Γ. ΠΕΣΤΕ/ΓΡΑΨΤΕ
   ΕΡΩΤΗΣΕΙΣ/ΑΠΑΝΤΗΣΕΙΣ
   ΜΕ ΤΙΣ ΛΕΞΕΙΣ:
   ;   →   . . . .
   1. χρονών → 2. δύο
   3. κλείνει → 4. παρά
   5. αμάξι   → 6. κοντά

ΓΡΑΨΤΕ ΚΙ ΑΛΛΑ:

έπιπλα: _καρέκλα_ _____ _____ _____

ρούχα : _μπλούζα_ _____ _____ _____

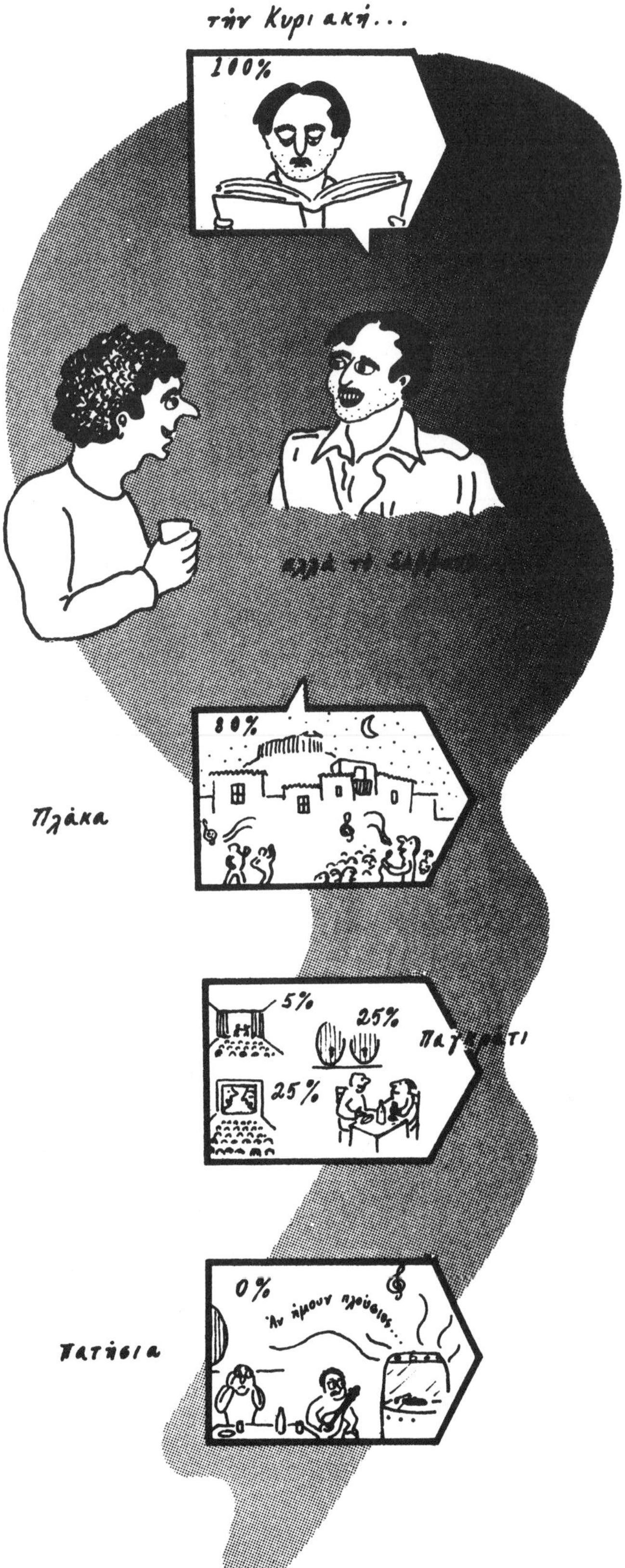

ΤΟ ΣΑΒΒΑΤΟΚΥΡΙΑΚΟ...

-Το Σαββατοκύριακο,
δὲ μοὺ λὲς Ἀγγελε,
βγαίνεις πουθενά; Τί κάνεις;
-Νὰ σοὺ πὼ...Τὴν Κυριακὴ
πάντα κάθομαι σπίτι καὶ διαβάζω.
Ἀλλὰ τὸ Σάββατο τὸ βράδυ
συνήθως πάω στὴν Πλάκα.
Σὲ καμιὰ ντισκοτέκ, ξέρω 'γώ,
σὲ καμιὰ μπουάτ...
Ἐξαρτᾶται ἀπὸ τὰ κέφια.
-Θέατρο πᾶς καμιὰ φορά;
-Μπάαα! Θέατρο πολὺ σπανίως.
Κάπου-κάπου κανένα...
σινεμαδάκι: ΜΑΛΙΣΤΑ!
Καμιὰ φορὰ πάω καὶ στὴν
ταβέρνα στὸ Παγκράτι,
τοῦ κυρ-Φώτη, ξέρεις.
-Στὴν ἄλλη ταβέρνα,
κάτω στὰ Πατήσια, πᾶς ποτέ;
-Μπά, ποτὲ δὲν περνάω ἀπὸ 'κεῖ.
Ἔχουνε τώρα τζούγκ-μπὸξ
καὶ δὲ μποροῦμε
νὰ τραγουδήσουμε
τὰ ΔΙΚΑ μας!

Α.

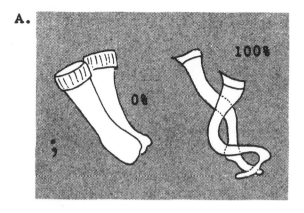

-Φοράς ποτέ μάλλινες κάλτσες;

-Μπά, ποτέ δέν φοράω

μάλλινες κάλτσες εγώ, νά σού πώ.

Φοράω πάντα νάιλον.

Β.

-Πίνεις ποτέ ούζο;

-Ποτέ! Καμιά φορά πίνω μπίρα.

Ούζο ποτέ δέν πίνω.

Δέ μ' ΑΡΕΣΕΙ.

Γ.

-Παίρνεις ποτέ ταξί;

-Γιά τό σπίτι; Μμ...

Μερικές φορές παίρνω ταξι

αλλά πολλές φορές παίρνω

λεωφορείο. Κοντά είναι.

Δ.

-Τρώς ποτέ κασέρι;

-Μπά, όχι. Σπανίως τρώω

κασέρι. Συνήθως τρώω φέτα.

Τό κασέρι δέ μ' αρέσει

καί τόσο πολύ.

Ε. ΚΑΘΕ ΠΟΤΕ;

0%	10%	25%	50%	60%	80%	100%
ποτέ	σπανίως	μερικές φορές	μερικές	πολλές φορές	συνήθως	πάντα
		καμιά φορά	φορές, άλλες		κανονικά	
		κάπου-κάπου	όχι		τίς πιό πολλές φορές	

112

Ο ΕΡΩΤΑΣ ΕΙΝΑΙ ΜΕΓΑΛΟΣ ΤΥΡΑΝΝΟΣ!

–Άααχ, τί νά κάνεις;...Αυτά έχει η ζωή!...

Ο Νίκος αγαπάει τὴν Μαίρη

αλλά η Μαίρη αγαπάει τόν Κώστα!

Ο Κώστας αγαπάει τὴν Σούλα

αλλά η Σούλα αγαπάει τόν Δημήτρη!

Έ, κι ο Δημήτρης, φυσικά,
            αγαπάει τὴν Μονίκ!

SUBJECT   OBJECT

ΠΕΡΙΕΡΓΟ...

;

-Περίεργο... Πού είναι

η μπλούζα μου;   →   SUBJECT

-Τί ψάχνεις, Ελένη;

-Τήν μπλούζα μου, μαμά. →   OBJECT

Ξέρεις πού είναι;

-Μπά, ιδέα δέν έχω.

ΑΛΛΑΓΕΣ:

1.	2.	3.	4.	5.
η μπλούζα	η ζώνη	τό βιβλίο	τό μαντήλι	τό φόρεμα
Τήν μπλούζα	Τήν ζώνη	Τό βιβλίο	Τό μαντήλι	Τό φόρεμα

6.	7.	8.	9.	10.
οι μπλούζες	οι ζώνες	τά βιβλία	τά μαντήλια	τά φορέματα
Τίς μπλούζες*	Τίς ζώνες**	Τά βιβλία	Τά μαντήλια	Τά φορέματα

---

* Τίς μπλούζες --- ** Τίς ζώνες

   zb   z

ΤΙ ΘΑ ΠΕΙ Ο ΚΟΣΜΟΣ;

-Έλα νά σού δώσω <u>καθαρό πουκάμισο</u>,

παιδί μου.

Βγάλε <u>εκείνο τό βρώμικο</u> πού φοράς.

Έχω <u>καθαρό</u> · ορίστε!

Βάλε <u>αυτό τό πουκάμισο</u>, νά σέ χαρώ.

Ά να, έτσι μπράβο!

Παιδί από σπίτι, όχι αλήτης.

Τί θά πει ο κόσμος

πού σέ βλέπει στόν δρόμο;

"Δέν έχει σπίτι αυτό τό παιδί;"

ΑΛΛΑΓΕΣ:

1.

καθαρό πουκάμισο

εκείνο τό βρώμικο

καθαρό

αυτό τό πουκάμισο

2.

καθαρή φανέλα

εκείνη τήν βρώμικη

καθαρή

αυτή τήν φανέλα

3.

καθαρά εσώρουχα

εκείνα τά βρώμικα

καθαρά

αυτά τά εσώρουχα

4.

καθαρές κάλτσες

εκείνες τις βρώμικες*

καθαρές

αυτές τις κάλτσες

*τις βρώμικες

zv

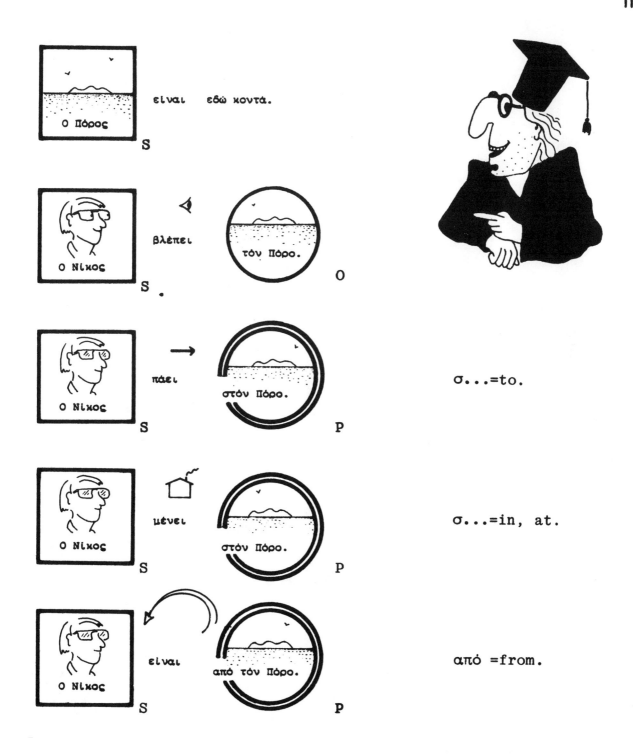

εἶναι   ἐδῶ κοντά.

S

ὁ Πόρος

βλέπει

τόν Πόρο.

S .

O

πάει

στόν Πόρο.

S

P

σ...=to.

μένει

στόν Πόρο.

S

P

σ...=in, at.

εἶναι

ἀπό τόν Πόρο.

S

P

ἀπό =from.

 * ΔΗΛΑΔΗ:

S=SUBJECT/Subjective case of a noun.
O=OBJECT/Objective case of a noun.
P=PREPOSITIONAL PHRASE (here a place reference)/Prepositional
   case of a noun.
Other than a preceding preposition (σ...., ἀπό) in P, the
"Prepositional" is identical to the "Objective" case of the
same noun (above: τόν Πόρο). Thus we speak of two cases only:
S (ὁ Πόρος) and O/P (τόν Πόρο). S is also known as the
"Nominative", O/P as the "Accusative" case of a noun.

116

A.

κανένα σινεμά;
ένα - τό...
καμιά ταβέρνα;
μία - η...
κανένας γιατρός;
ένας - ο...

1. -Υπάρχει κανένα σινεμά εδώ κοντά;
   -Ναί, υπάρχει ένα. Τό "Ρέξ".

2. -Υπάρχει καμιά ταβέρνα εδώ κοντά;
   -Μόνο μία.
   Η ταβέρνα τού κυρ-Σώτου.

3. -Υπάρχει κανένας γιατρός εδώ κοντά;
   -Ἀ, ναί, υπάρχει ένας πολύ καλός,
   ο Μακρίδης.

B.

σέ κανένα σινεμά
στό
σέ καμιά ταβέρνα
στήν
σέ κανέναν γιατρό
στόν

σέ

1. -Λέω νά πάω σέ κανένα σινεμά.
   -Σέ ποιό;
   -Ξέρω κι εγώ; Μάλλον στό "Ρέξ".

2. -Λέω νά πάω σέ καμιά ταβέρνα.
   -Σέ ποιάν;
   -Ξέρω κι εγώ; Μάλλον στήν ταβέρνα
   τού κυρ-Σώτου.

3. -Λέω νά πάω σέ κανέναν γιατρό.
   -Σέ ποιόν;
   -Ξέρω κι εγώ; Μάλλον στόν Μακρίδη.

Γ. ΤΩΡΑ ΔΙΚΕΣ ΣΑΣ ΑΛΛΑΓΕΣ ΣΤΑ Α ΚΑΙ Β.

ΑΝΤΙ ΓΙΑ: (τό) σινεμά,   (η) ταβέρνα,   (ο) γιατρός
ΔΟΥΛΕΨΤΕ ΣΤΟ Α ΜΕ → (τό) εστιατόριο, (η) τράπεζα,   (ο) μπακάλης κ.τ.λ.
            ΣΤΟ Β ΜΕ → (τό) κέντρο,   (η) φίλη μου,   (ο) φίλος μου κ.τ.λ.
ΓΡΑΨΤΕ ΔΙΚΕΣ ΣΑΣ ΛΙΣΤΕΣ ΚΑΙ ΔΟΥΛΕΨΤΕ ΑΝΑΛΟΓΑ.

ΣΤΟ ΠΛΟΙΟ...

-Ο Πόρος είναι θαύμα τό καλοκαίρι!

-Στόν Πόρο πάτε; Κι εμείς εκεί πάμε.

Κάθε καλοκαίρι πάω ένα μήνα μέ τά παιδιά.

Θάλασσα, μπάνια, πολύ όμορφα είναι.

-Νοικιάζετε δωμάτιο;

-Όχι, έχουμε σπίτι εκεί.

-Ά Από τόν Πόρο είστε;

-Η καταγωγή μου.

Εμείς μένουμε στήν Αθήνα.*

Οι ΓΟΝΕΙΣ μου μένουν εκεί.

ΑΛΛΑΓΕΣ :

1.	2.	3.	4.		
Ο Πόρος	Η Ύδρα	Η Σέριφος	Τό Λουτράκι	➤ ➤	s.
Στόν Πόρο	Στήν Ύδρα	Στήν Σέριφο	Στό Λουτράκι	➤ ➤	Ⓟ
Από τόν Πόρο	Από τήν Ύδρα	Από τήν Σέριφο	Από τό Λουτράκι	➤ ➤	Ⓟ

*ΣΤΟΝ ΧΑΡΤΗ ΔΙΑΒΑΖΟΥΜΕ:

Πειραιεύς,

Αθήναι

ΑΛΛΑ ΟΤΑΝ ΜΙΛΑΜΕ, ΛΕΜΕ:

Πειραιάς,

Αθήνα.

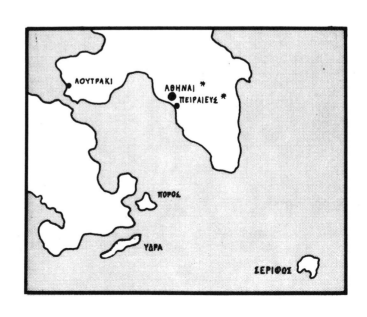

-Γιατί;

-Γιατί...

1. -Γιατί πάς μέ τά πόδια;

   -Γιατί δέν έχω λεφτά γιά ταξί.

2. -Γιατί πίνεις ρετσίνα κι όχι μπίρα;

   -Γιατί η μπίρα ΠΑΧΑΙΝΕΙ!

3. -Γιατί βάζεις παλτό;

   Γιατί κάνει πολύ κρύο.

4. -Γιατί δέ σ' αρέσει ο Μηνάς;

   -Γιατ' είναι βλάκας. Γιαυτό!

5. -Γιατί μιλάς πάντα Αγγλικά;

   -Γιατί δέν ξέρω πολλά Ελληνικά.

6. -Γιατί δέ σ' αρέσει η Μαίρη;

   -Γιατ'είναι πολύ σνόμπ.

7. -Γιατί δέ γιορτάζεις ποτέ τά γενέθλιά σου;

   -Γιατί δέν έχω καμία όρεξη γιά φασαρίες.

8. -Γιατί δέν έχεις κέφι απόψε;

   -Γιατί έχω πολλά νεύρα. Γιαυτό!

9. -Γιατί δέν επιτρέπεται νά μπούμε;

   -Γιατί...δέν έχει "γιατί". Απαγορεύεται!

10. -Γιατί θά πάτε στήν θάλασσα τόσο νωρίς;

    -Γιά νά* κάνουμε κανα μπάνιο πρίν πλακώσει ο κόσμος!

---

*Γιά νά + Subjunctive = In order to...

ΟΙ ΤΕΣΣΕΡΙΣ ΕΠΟΧΕΣ   ΟΙ ΜΗΝΕΣ:

1. Ο χειμώνας καθόλου δέ μ' αρέσει.

   Κρύο, χιόνι, βροχή...

   Δέ μπορείς νά πάς πουθενά.

| Δεκέμβριος |
| Ιανουάριος |
| Φεβρουάριος |

2. Η άνοιξη - μάλιστα! Δροσερός καιρός,

   θαύμα είναι! Γιά εκδρομές, νά πάς

   καμιά εξοχή, νά ξεσκάσεις!

| Μάρτιος |
| Απρίλιος |
| Μάιος |

3. Τό καλοκαίρι, πάλι, εξαρτάται...

   Στά νησιά τό καλοκαίρι είναι υπέροχο.

   Αλλά στήν Αθήνα, παραδείγματος χάριν,*

   είναι ΔΡΑΜΑ!

| Ιούνιος |
| Ιούλιος |
| Αύγουστος |

4. Τό φθινόπωρο; Α, τό φθινόπωρο είναι

   η πιό ρομαντική εποχή.**

   Καί τήν Ευανθία...

   φθινόπωρο τήν γνώρισα,

   πρό εικοσαετίας.

| Σεπτέμβριος |
| Οκτώβριος |
| Νοέμβριος |

* ΓΡΑΦΟΥΜΕ: π.χ.

** η πιό ρομαντική = the most romantic (Superlative).
   For the Comparative structure "more romantic than..."
   we should say "πιό ρομαντική από..." (see p.125).

A.   Εγω ειμαι από τήν Κρήτη. Μέ   ξέρεις;

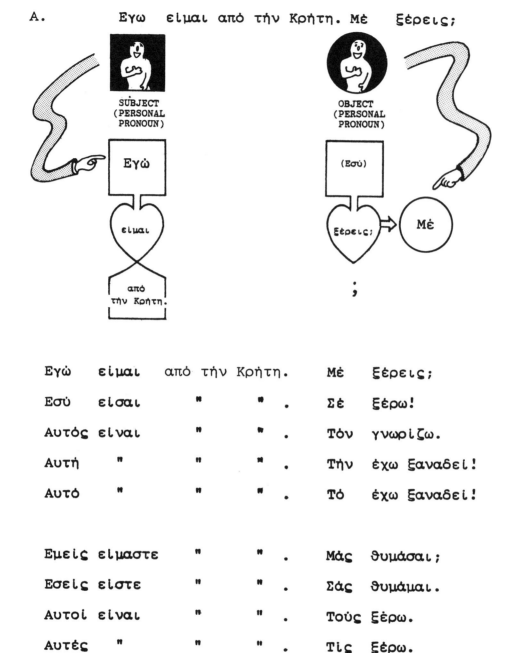

Εγώ	είμαι	από τήν Κρήτη.	Μέ	ξέρεις;
Εσύ	είσαι	" " .	Σέ	ξέρω!
Αυτός	είναι	" " .	Τόν	γνωρίζω.
Αυτή	"	" " .	Τήν	έχω ξαναδεί!
Αυτό	"	" " .	Τό	έχω ξαναδεί!
Εμείς	είμαστε	" " .	Μᾶς	θυμᾶσαι;
Εσείς	είστε	" " .	Σᾶς	θυμᾶμαι.
Αυτοί	είναι	" " .	Τούς	ξέρω.
Αυτές	"	" " .	Τίς	ξέρω.
Αυτά	"	" " .	Τά	έχω ξαναδεί.

B. ΔΙΑΛΕΞΤΕ ΜΟΝΟΙ ΣΑΣ:

ει_____από_____.   ξέρει ο Νίκος.

Εγώ, Εσύ κ.τ.λ.   Μέ, Σέ κ.τ.λ.

ΑΣΚΗΣΕΙΣ*

A. −Περίεργο...Πού είναι <u>η μπλούζα</u> μου;

   −Τί ψάχνεις, Ελένη;

   −<u>Τήν μπλούζα</u> μου, μαμά. <u>Τήν</u> είδες πουθενά;

   −Μπά, πουθενά δέν <u>τήν</u> είδα.

A'. −Περίεργο...Πού είναι ⬜ μου;   ⟶ SUBJECT

   −Τί ψάχνεις, Ελένη;

   − ◯ μου, μαμά. ● είδες πουθενά; ⟶ OBJECT

   −Μπά, πουθενά δέν ● είδα.

ΤΩΡΑ ΔΙΚΕΣ ΣΑΣ ΑΛΛΑΓΕΣ: ΒΡΕΣΤΕ ΑΠΟ ΤΟ ΒΙΒΛΙΟ ΚΑΙ ΓΡΑΨΤΕ ΛΙΣΤΑ
ΜΕ ΟΥΣΙΑΣΤΙΚΑ (NOUNS). ΕΤΣΙ: ΣΤΟΝ ΔΙΑΛΟΓΟ A', ΑΝΤΙ ΓΙΑ <u>η μπλούζα</u>
⟶ τό βιβλίο, οι μπλούζες,_____,_____,_____.....

B. −<u>Εγώ</u> <u>τόν</u> αγαπάω τόσο πολύ

   κι <u>αυτός</u> δέν <u>μέ</u> προσέχει καθόλου!

⬛	●
εγώ	μέ
εσύ	σέ
αυτός	τόν
αυτή	τήν
αυτό	τό
εμείς	μάς
εσείς	σάς
αυτοί	τούς
αυτές	τίς
αυτά	τά

B'. − ⬛1 ●2 αγαπ___ τόσο πολύ

   κι ⬛2 δέν ●1 προσέχ.... καθόλου!

ΤΩΡΑ ΔΙΚΕΣ ΣΑΣ ΑΛΛΑΓΕΣ Μ'ΑΥΤΗ ΤΗΝ ΛΙΣΤΑ
ΣΤΟΝ ΔΙΑΛΟΓΟ B'.

* It is advisable that you make two-sided drill cards (one for A-A'
and one for B-B'). Two different colors can be used to distinguish
between the two different persons involved in B-B'.

122

Α.   ΚΑΝΟΝΙΚΑ...

1.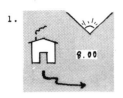

Από τό σπίτι <u>μου</u>
<u>φεύγω</u>* στίς οκτώ
τό πρωί.

2.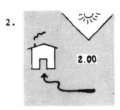

Καί <u>γυρνάω</u>...
έ, κατά τίς δύο
τό μεσημέρι.

3.

Μέ τά πόδια
<u>γυρίζω</u>, άμα μπορώ,
αλλιώς μέ τό
λεωφορείο.

4.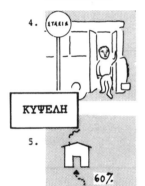

<u>Κατεβαίνω</u>
στάση Κυψέλη.
Εκεί κοντά <u>μένω</u>.

ΚΥΨΕΛΗ

5.

Στόν γυρισμό,
πολλές φορές, <u>περνάω</u>
κι απ' τόν μπακάλη.

6.

Κάτι λίγα <u>ψωνίζω</u>
γιά φαγητό.

7.

Στό σπίτι <u>φτάνω</u>
δύο... δύο-καί
τό πολύ.

Β.   ΜΙΑ ΙΣΤΟΡΙΑ ΠΡΙΝ ΜΕΡΕΣ...

1.

Κατά τίς πέντε τό πρωί,
λοιπόν, <u>ακούω</u>** τό τηλέφωνο
καί χτυπάει.

2.

<u>Τρέχω</u> αμέσως,
τό <u>σηκώνω</u>...

3.

"<u>Λέγετε</u>!" Τίποτα.
"<u>Λέγετε</u>!" <u>Περιμένω</u>,
<u>περιμένω</u>...Τίποτα!

4.

Τό <u>κλείνω</u> κι εγώ·
τί νά <u>κάνω</u>;

5.

<u>Πάω</u> νά <u>ξαπλώσω</u>,
νά <u>κοιμηθώ</u>· μόλις
<u>πέφτω</u>, ξαναχτυπάει.

6.

Ποιός <u>μέ</u> παίρνει
τέτοια ώρα; Περίεργο...

Πού νά <u>σκεφτώ</u> πώς
ήταν η Ευανθία
από τήν Αμερική!!

* GENERAL PRESENT (General statement)

** HISTORICAL PRESENT (For vivid narration)

Γ.   ΤΩΡΑ ΔΙΚΕΣ ΣΑΣ ΑΛΛΑΓΕΣ ΣΤΟ (Ποιός;). ΔΗΛΑΔΗ:

ΑΝΤΙ ΓΙΑ (Εγώ)➝(Εμείς), (Αυτή), κ.τ.λ.

(εγώ)	ήμουνα	είμαι	θά είμαι
(εσύ)	ήσουνα	...	......
(αυτός-ή-ό)	ήτανε		
(εμείς)	ήμασταν		
(εσείς)	ήσασταν		
(αυτοί-ές-ά)	ήτανε		

ΔΙΚΕΣ ΣΑΣ ΑΛΛΑΓΕΣ: (Ποιός;) =(Εγώ) → (Εμείς)...κ.τ.λ.

(Πότε;) =Πρίν από λίγο → Προχθές...κ.τ.λ.

Τώρα → Αυτή τήν στιγμή.

Σέ λίγο → Σέ λίγες μέρες...κ.τ.λ.

(Πού;) =στήν δουλειά → στό σπίτι, στό μαγαζί,

στόν κινηματογράφο...κ.τ.λ.

(Τί λογής;) =κουρασμένος, → εντάξει, έτοιμος.

---

* SPECIAL ENDINGS.

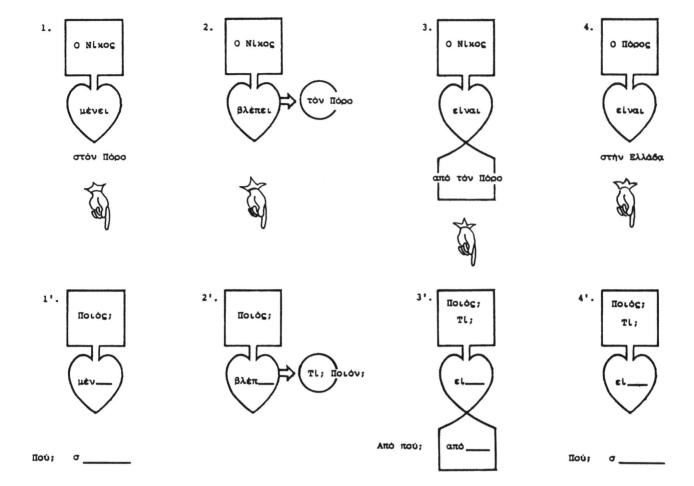

ΤΩΡΑ ΔΙΚΕΣ ΣΑΣ ΑΛΛΑΓΕΣ ΣΤΑ 1', 2', 3', 4', (Ποιός; Τι; Ποιόν; Πού; Από πού;)

ΓΡΑΨΤΕ/ΦΕΡΤΕ ΔΙΚΕΣ ΣΑΣ ΛΙΣΤΕΣ.

ΕΠΙΣΗΣ ΑΛΛΑΓΕΣ ΣΤΑ ΡΗΜΑΤΑ (VERBS).

ΣΤΟ 1': ΑΝΤΙ ΓΙΑ (μένω)⟶(τρώω), (θέλω νά πάω), (θά κάτσω), (δουλεύω), (ήμουνα.).

ΣΤΟ 2': ΑΝΤΙ ΓΙΑ (βλέπω)⟶(τηλεφωνώ), (ακούω), (κοιτάω), (βάζω), (βγάζω),

(πληρώνω), (μαγειρεύω).

A substitution / transformation exercise can be practiced with the above. As an
example let us take (1'). Student A begins with the sentence "Ο Νίκος μένει στόν Πόρο"
(root example). Then s/he cues "Εμείς" pointing to a student B that s/he selects at
random. Student B responds "Εμείς μένουμε στόν Πόρο", then cues "δουλεύουμε" and
points to student C. Student C responds "Εμείς δουλεύουμε στόν Πόρο", then cues
"στήν Αθήνα" and points to student D. If student D did not catch the cue, s/he must ask
student C "Πού;" and after hearing it again s/he must respond "Εμείς δουλεύουμε στήν
Αθήνα" and so on. For a non-interrupted flow of the exercise, it is necessary
that each student points to another without using the other's name. To also
avoid the teacher's lingual interruptions, audio signs could be utilized (e.g.
desk bell, finger snap, etc.) to mean "Wrong Grammar - try again" or "O.K. Grammar
but no sense" or "Somebody else help!" or "Fine - now cue somebody else".
In a more teacher-directed version of this exercise
both cues and students will be chosen by the teacher.

COMPARISONS

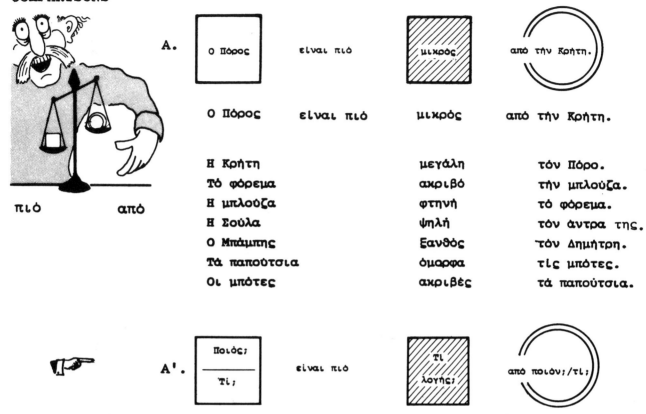

A.

| Ο Πόρος | είναι πιό | μικρός | από τήν Κρήτη. |

Ο Πόρος	είναι πιό	μικρός	από τήν Κρήτη.
Η Κρήτη		μεγάλη	τόν Πόρο.
Τό φόρεμα		ακριβό	τήν μπλούζα.
Η μπλούζα		φτηνή	τό φόρεμα.
Η Σούλα		ψηλή	τόν άντρα της.
Ο Μπάμπης		ξανθός	τόν Δημήτρη.
Τά παπούτσια		όμορφα	τίς μπότες.
Οι μπότες		ακριβές	τά παπούτσια.

πιό   από

A'.

| Ποιός;
───
Τί; | είναι πιό | Τί
λογής; | από ποιόν;/τί; |

ΤΩΡΑ ΔΙΚΕΣ ΣΑΣ ΑΛΛΑΓΕΣ. ΕΤΟΙΜΑΣΤΕ ΔΥΟ ΛΙΣΤΕΣ: ΜΙΑ ΜΕ ΟΥΣΙΑΣΤΙΚΑ
(NOUNS) ΚΑΙ ΜΙΑ ΜΕ ΕΠΙΘΕΤΑ (ADJECTIVES) ΚΑΙ ΔΟΥΛΕΨΤΕ ΜΕ ΤΟ Α'.
ΕΠΙΣΗΣ ΦΤΙΑΣΤΕ ΚΑΡΤΑ ΜΕ Α-Α'.

B.   ΝΑ ΜΙΛΗΣΟΥΜΕ ΛΙΓΑΚΙ;

> ΒΟΗΘΕΙΑ!
> Τί θά πεί _____;
> Πώς θά πεί _____;

1. Τί κάνεις συνήθως κάθε μέρα; Τό Σαββατοκύριακο;
2. Βλέπεις τηλεόραση; Τί βλέπεις συνήθως;
3. Πότε είναι τά γενέθλιά σου; Η γιορτή σου;
   Γιορτάζεις; Κάνεις πάρτι; Τί δώρα προτιμάς;
4. Ποιά είναι η αγαπημένη σου εποχή; Γιατί;
5. "Κέντρο"-"Μπουάτ"-"Μπάρ": είναι τό ίδιο;
   Πώς διαφέρουν;

(PAIR-INTERVIEWS, see p. 18)

Α. ΓΡΑΨΤΕ ΚΙ ΑΛΛΕΣ ΛΕΞΕΙΣ:

ΒΑΛΕ/ΒΓΑΛΕ!

1. Βάλε _τήν μπλούζα_ στήν ντουλάπα!

_____

_____

_____

2. Βάλε _τό πουκάμισό_ σου!

_____

_____

3. Βγάλε _τά πιάτα_ από τό ντουλάπι!

_____

_____

_____

4. Βγάλε _τό πουκάμισό_ σου!

_____

_____

_____

Β. ΔΙΑΛΕΞΤΕ ΚΙ ΑΠΑΝΤΗΣΤΕ:

Τί έτος	
	γεννήθηκες;
Τί εποχή	
	πήγες στ _____;
Τί μήνα	
	ήρθες στ _____;
Πόσες τού μηνός	
	άρχισες _____;
Τί μέρα	
	τελείωσες_____;

↓   ↓

RANDOM CHOICES

(π.χ.-Τί μέρα γεννήθηκες; κ.τ.λ.)

Γ. ΠΕΣΤΕ/ΓΡΑΨΤΕ ΕΡΩΤΗΣΕΙΣ

ΚΙ ΑΠΑΝΤΗΣΕΙΣ ΜΕ ΤΙΣ ΛΕΞΕΙΣ:

1. πότε → 2. ποτέ

3. ποτέ → 4. φορές

5. γιατί → 6. γιατί

7. καμιά → 8. ήμουνα

9. έ; →10. όχι

8

A.

Ορίστε: ένα δωμάτιο*, σαλόνι,
            κουζίνα καί λουτρό.
            Στό τρίτο πάτωμα.
            Τρεῖς χιλιάδες
            τόν μήνα.

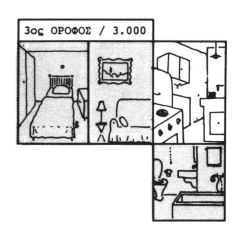

3ος ΟΡΟΦΟΣ / 3.000

B.

Ορίστε: δύο δωμάτια,
            σαλο-τραπεζαρία,
            κουζίνα καί τό μπάνιο.
            Στό δεύτερο πάτωμα.
            Πέντε χιλιάδες
            τόν μήνα.

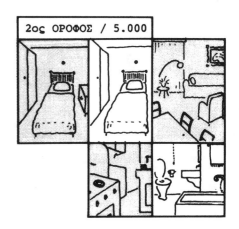

2ος ΟΡΟΦΟΣ / 5.000

Γ.

Ορίστε: τρία δωμάτια,
            σαλο-τραπεζαρία,
            προχόλ, κουζίνα,
            λουτρο-καμπινέ
            καί τό μπαλκόνι.
            Στό πρώτο πάτωμα.
            Εξίμισι χιλιάδες
            τόν μήνα.

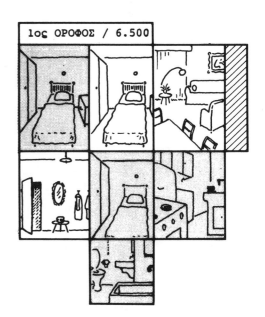

1ος ΟΡΟΦΟΣ / 6.500

Δ. ΤΙ ΠΡΑΓΜΑΤΑ ΒΛΕΠΕΤΕ ΣΤΑ ΔΙΑΜΕΡΙΣΜΑΤΑ; ΓΙΑ ΚΑΙΝΟΥΡΓΙΕΣ
ΛΕΞΕΙΣ ΡΩΤΗΣΤΕ ΤΟΝ ΔΑΣΚΑΛΟ.

* Τό δωμάτιο πού κοιμόμαστε τό λέμε καί κρεβατοκάμαρα.

ΤΙ ΓΡΗΓΟΡΑ ΠΕΡΝΑΕΙ ΤΟ ΑΤΙΜΟ ΤΟ ΣΑΒΒΑΤΟΚΥΡΙΑΚΟ!

ΚΙ ΑΠΟ ΔΕΥΤΕΡΑ ΠΑΛΙ...ΓΡΑΦΕΙΟ!

1. Εδωπέρα στό γραφείο από τίς ΟΚΤΩ έρχ<u>ομαι</u>   εγώ κάθε πρωί.

                                                έρχ<u>εσαι</u>   εσύ

                                                έρχ<u>εται</u>   αυτός

                                                ερχ<u>όμαστε</u> εμείς

                                                έρχ<u>εστε</u>   εσείς

                                                έρχ<u>ονται</u> αυτοί

2. Σηκώνομαι, δηλαδή, κατά τίς εξίμισι-εφτά παρά...

   Σηκώνεσαι

   Σηκώνεται

   Σηκωνόμαστε

   Σηκώνεστε

   Σηκώνονται

4.

| ομαι |
| εσαι |
| εται |
| όμαστε |
| εστε |
| ονται |

3. Κάθε μέρα τό ίδιο βιολί...

   "Ζωή" τό λέτ' εσείς αυτό;

Δ1 endings in the PRESENT.

Conjugation follows accent

pattern:

ΠΟΛΛΕΣ ΦΟΡΕΣ...

Πολλές φορές, εκεί πού...

...κάθ<u>ομαι</u> καί βλέπ<u>ω</u> τηλεόραση, <u>μέ</u> παίρνει ο ύπνος καί κοιμ<u>άμαι</u>!

κάθ<u>εσαι</u>	βλέπ<u>εις</u>	<u>σέ</u>	κοιμ<u>άσαι</u>!
κάθ<u>εται</u>	βλέπ<u>ει</u>	<u>τόν</u>	κοιμ<u>άται</u>!
καθ<u>όμαστε</u>	βλέπ<u>ουμε</u>	<u>μάς</u>	κοιμ<u>όμαστε</u>!
κάθ<u>εστε</u>	βλέπ<u>ετε</u>	<u>σάς</u>	κοιμ<u>άστε</u>!
κάθ<u>ονται</u>	βλέπ<u>ουν</u>	<u>τούς</u>	κοιμ<u>ούνται</u>!

Δ1*

endings   A

endings

Personal

Pronoun

Objective Case

Δ2 *

endings

* For alternative endings consult p. 185   See also GRAMMAR APPENDIX, p. 189

ΨΩΝΙΖΟΝΤΑΣ ΣΤΑ ΜΑΓΑΖΙΑ...

Α.

-Ορίστε τά κουστούμια μας!

 Σάς αρέσει κανένα;

-Όλα μ' αρέσουν!

 Αλλά πολύ ακριβά τά έχετε.

 Εγώ θά ήθελα ένα πιό φτηνό.

Β.

-Ορίστε οι ρόμπες μας!

 Σάς αρέσει καμία;

-Όλες μ' αρέσουν!

 Αλλά πολύ ακριβές τίς έχετε.

 Εγώ θά ήθελα μιά πιό φτηνή.

Γ.

-Ορίστε οι φανέλες μας!

 Σάς αρέσει καμία;

-Μπά, καμία! Δέν έχετε άλλες;

 Καμιά δέ μ' αρέσει απ' αυτές.

-Ά, μόνον αυτές έχουμε. Δυστυχώς.

Δ.

-Ορίστε τά ρολόγια μας!

 Σάς αρέσει κανένα;

-Μπά, κανένα! Δέν έχετε άλλα;

 Κανένα δέ μ' αρέσει απ' αυτά.

-Ά, μόνον αυτά έχουμε. Δυστυχώς.

Ε.

-Ορίστε οι κάλτσες μας!

 Σάς αρέσει κανένα ζευγάρι;

-Αυτές οι άσπρες μ' αρέσουν.

 Βαμβακερές είναι ή μάλλινες;

-Νάιλον είναι όλες, κυρία μου.

-Σοβαρά; Τι λέτε!

---

*ΠΡΟΣΕΞΤΕ:

(ANY...?)

κανένας

καμία

κανένα

(NONE!)

κανένας

καμία

κανένα

(δέν + VERB)

ΜΗΝ ΤΑ ΜΠΕΡΔΕΥΕΤΕ:

όλος - η - ο

άλλος - η - ο

αλλά

135

Καί γιά τό καλοκαίρι...

γιά τίς ζεστές εκείνες μέρες

σέ κάποια ακρογιαλιά τού Αιγαίου.....

 ελάτε στού

ΑΣΗΜΑΚΗ

Σάκοι	Τρανζίστορ	Γυαλιά ηλίου	Μαγιό	Μπικίνι	Καπέλα
από 560	από 1000	από 75	από 300	από 450	από 250
τώρα μόνο	τώρα μόνο	τώρα μόνο	τώρα μόνο	τώρα μόνο	τώρα μόνο
500	900	50	260	400	210

ΑΣΗΜΑΚΗ - ΜΕΓΑΛΑ ΚΑΤΑΣΤΗΜΑΤΑ - ΒΕΝΙΖΕΛΟΥ 18 -

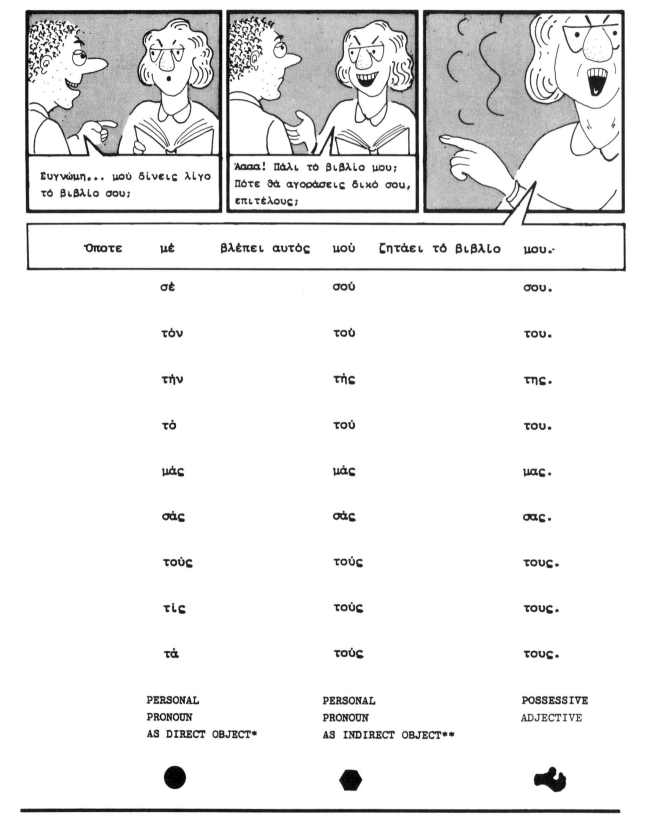

Panel 1: Συγνώμη... μού δίνεις λίγο τό βιβλίο σου;

Panel 2: Άααα! Πάλι τό βιβλίο μου; Πότε θά αγοράσεις δικό σου, επιτέλους;

Όποτε	μέ	βλέπει αυτός	μού	ζητάει τό βιβλίο	μου.
	σέ		σού		σου.
	τόν		τού		του.
	τήν		τής		της.
	τό		τού		του.
	μάς		μάς		μας.
	σάς		σάς		σας.
	τούς		τούς		τους.
	τίς		τούς		τους.
	τά		τούς		τους.

PERSONAL PRONOUN AS DIRECT OBJECT*	PERSONAL PRONOUN AS INDIRECT OBJECT**	POSSESSIVE ADJECTIVE
●	⬢	👊

See also GRAMMAR APPENDIX, pp. 200-202

*/**: ΚΟΙΤΑΞΤΕ ΚΑΙ ΣΤΗΝ ΕΠΟΜΕΝΗ ΣΕΛΙΔΑ...

ΔΗΛΑΔΗ: ΣΤΗΝ ΠΡΟΗΓΟΥΜΕΝΗ ΣΕΛΙΔΑ ΕΧΟΥΜΕ ΔΥΟ ΠΡΟΤΑΣΕΙΣ:

(Α) Όποτε μὲ βλέπει αυτός   ΚΑΙ (Β) Μοὺ ζητάει τὸ βιβλίο μου.

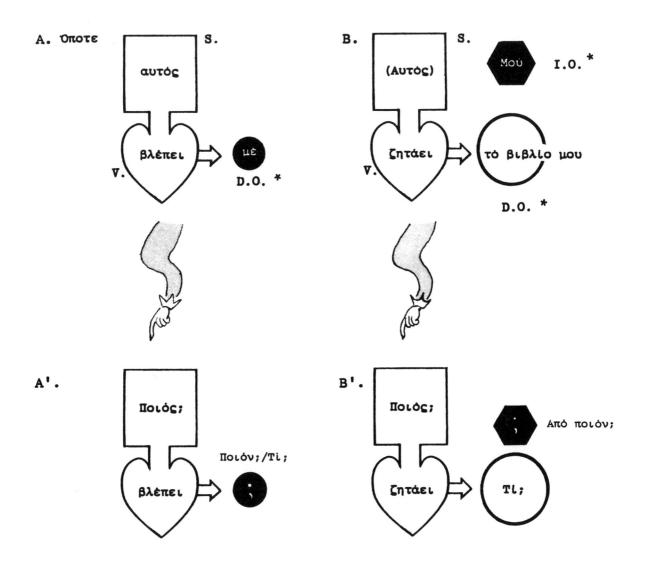

* The D.O. (Direct Object) answers a "Ποιόν;/Τί;" question.
Thus we have "μὲ" in sentence A, and "τὸ βιβλίο μου" in
sentence B.
The I.O. (Indirect Object) μοὺ does not answer the same question,
but rather answers "Από ποιόν;". It refers, therefore, to
another person (outside Subject and Direct Object) that is
indirectly involved with the central activity of
Subject-Verb-Direct Object (S.-V.-D.O.).

A.

Εγώ πάντα σέ βοηθάω

ενώ εσύ ποτέ δέν μέ βοηθάς!

A'.

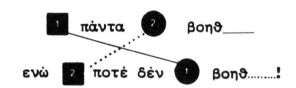

πάντα βοηθ____

ενώ ποτέ δέν βοηθ........!

B.   Εγώ σού δίνω πάντα τά λεφτά μου

όμως εσύ ποτέ δέν μού λές ένα "Ευχαριστώ".

B'.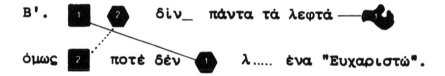

δίν___ πάντα τά λεφτά

όμως ποτέ δέν λ...... ένα "Ευχαριστώ".

ΤΩΡΑ ΔΙΚΕΣ ΣΑΣ ΑΛΛΑΓΕΣ
ΣΤΑ Α' ΚΑΙ Β'.

ΦΤΙΑΞΤΕ ΚΑΡΤΕΣ ΜΕ ΧΡΩΜΑΤΑ.

1.

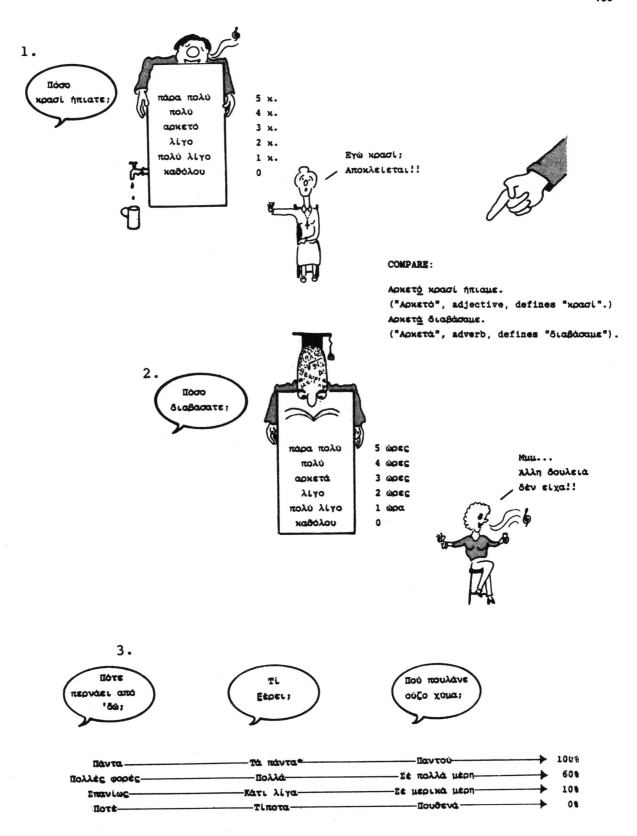

Πόσο κρασί ήπιατε;

πάρα πολύ	5 κ.
πολύ	4 κ.
αρκετό	3 κ.
λίγο	2 κ.
πολύ λίγο	1 κ.
καθόλου	0

Εγώ κρασί;
Αποκλείεται!!

COMPARE:

Αρκετό κρασί ήπιαμε.
("Αρκετό", adjective, defines "κρασί".)
Αρκετά διαβάσαμε.
("Αρκετά", adverb, defines "διαβάσαμε").

2.

Πόσο διαβάσατε;

πάρα πολύ	5 ώρες
πολύ	4 ώρες
αρκετά	3 ώρες
λίγο	2 ώρες
πολύ λίγο	1 ώρα
καθόλου	0

Μμμ...
Άλλη δουλειά
δεν είχα!!

3.

Πότε περνάει από 'δω;

Τι ξέρει;

Πού πουλάνε ούζο χύμα;

Πάντα	Τά πάντα*	Παντού	100%
Πολλές φορές	Πολλά	Σε πολλά μέρη	60%
Σπανίως	Κάτι λίγα	Σε μερικά μέρη	10%
Ποτέ	Τίποτα	Πουθενά	0%

* Ξέρει τά πάντα = Όλα τά ξέρει.

A. ΕΝΑ ΛΑΘΟΣ

-Κώστα δέ σέ λένε;

-Όχι, όχι. Λάθος κάνεις. Εμένα μέ λένε ΝΙΚΟ,*
δέ μέ λένε Κώστα.

B. -Εμένα μέ λένε ΝΙΚΟ, όχι Κώστα.

-Εσένα σέ λένε ΜΑΙΡΗ, όχι Σούλα.

-Αυτόν τόν λένε ΚΩΣΤΑ, όχι Νίκο.

-Αυτήν τήν λένε ΣΟΥΛΑ, όχι Μαίρη.

-Αυτό τό λένε ΤΡΑΠΕΖΙ, όχι παράθυρο.

-Εμάς μάς ξέρεις από τό ΣΧΟΛΕΙΟ, όχι από τήν γειτονιά.

-Εσάς σάς ξέρω από τόν ΠΟΡΟ, όχι από τήν Ύδρα.

-Αυτούς τούς ξέρω από τό ΚΟΜΜΑ, όχι από τό Πανεπιστήμιο.

-Αυτές τίς ξέρω από τήν ΔΟΥΛΕΙΑ, όχι από τό χωριό.

-Αυτά τά λένε ΣΤΑΦΥΛΙΑ, όχι ροδάκινα.

-Κώστα;

-ΝΙΚΟ!

~~Κώστα.~~

---

*Εμένα μέ: Double objective (longer and shorter forms of the
Pronoun) is used here for distinction/clarification. Also
do recall the use of the longer form by itself in lieu of
information omitted by implication in:

   -Πώς σέ λένε;

   -Νίκο. Εσένα; (πώς σέ λένε;)

   -Μαίρη.

ΠΡΟΣΟΧΗ: The use of two forms in the objective case is not found in
two-pronoun couplets only. Consider also <u>noun/pronoun</u>
couplets such as: "Τὴν μπλούζα ἀπὸ ποὺ τὴν ἀγόρασες, Βαγγέλη;"
The latter construction, however, does not imply distinction,
clarification, or omission. It should be simply regarded as
a common characteristic of Greek.

ΕΤΣΙ, ΛΟΙΠΟΝ, ΑΣ ΔΟΥΛΕΨΟΥΜΕ ΜΕ ΤΑ ΠΑΡΑΚΑΤΩ ΠΑΡΑΔΕΙΓΜΑΤΑ:

Α.   <u>Εμένα μέ</u> ξέρει ἀπὸ τὸ σχολεῖο ὁ Βαγγέλης.

Α'. ● ●   ξέρει ἀπὸ τὸ σχολεῖο ὁ Βαγγέλης.

ΔΙΚΕΣ ΣΑΣ ΑΛΛΑΓΕΣ: (Εμένα μέ) ⟶ (Εσένα σέ)...κ.τ.λ.

Β.   <u>Τὴν μπλούζα</u> ἀπὸ ποὺ <u>τὴν</u> ἀγόρασες, Βαγγέλη;

Β'. ◯   ἀπὸ ποὺ ● ἀγόρασες, Βαγγέλη;

ΔΙΚΕΣ ΣΑΣ ΑΛΛΑΓΕΣ: (Τὴν μπλούζα-τὴν) ⟶ (τὰ ροῦχα-τά)...κ.τ.λ.

Ά, δέν εἶναι δύσκολο, τελικά.
ΕΥΚΟΛΟ εἶναι! Κατάλαβα.

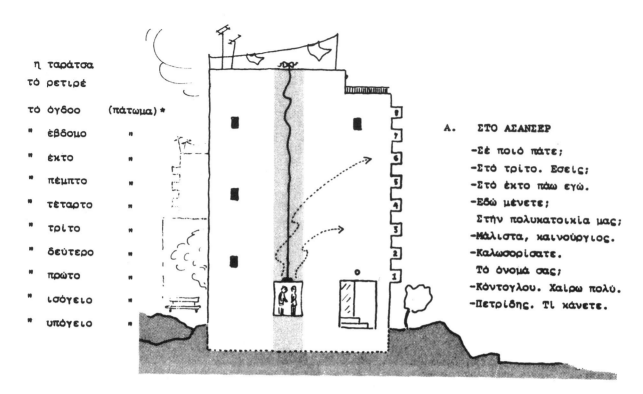

η ταράτσα

τό ρετιρέ

τό όγδοο   (πάτωμα) *

"   έβδομο   "

"   έκτο   "

"   πέμπτο   "

"   τέταρτο   "

"   τρίτο   "

"   δεύτερο   "

"   πρώτο   "

"   ισόγειο   "

"   υπόγειο   "

A.   ΣΤΟ ΑΣΑΝΣΕΡ

-Σέ ποιό πάτε;

-Στό τρίτο. Εσείς;

-Στό έκτο πάω εγώ.

-Εδώ μένετε;

  Στήν πολυκατοικία μας;

-Μάλιστα, καινούργιος.

-Καλωσορίσατε.

  Τό όνομά σας;

-Κόντογλου. Χαίρω πολύ.

-Πετρίδης. Τι κάνετε.

B.   Δε - Τε - Πα

-Κάθε πότε τά βγάζετε
  τά σκουπίδια;
-Κάθε Δευτέρα, Τετάρτη
  καί Παρασκευή τό βράδυ.
  Περνάνε τήν άλλη μέρα
  πρωί-πρωί
  καί τά παίρνουν.

Τρ - Πε - Σα

Γ.   Μένω σέ...

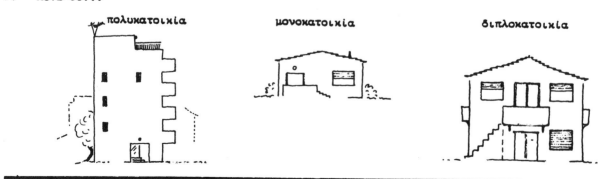

πολυκατοικία   μονοκατοικία   διπλοκατοικία

* Though "ο όροφος" will be seen in elevators, "τό πάτωμα" will often
  be chosen in speech.

ΣΤΟΝ ΚΙΝΗΜΑΤΟΓΡΑΦΟ

-Πάμε σ' εκείνο τό έργο

εκεί απέναντι, καλέ Γιώργο.

Είναι αστυνομικό.

-Πάλι αστυνομικό, βρέ Σούλα;

Γιά τ' όνομα τού θεού!

Εσύ, έτσι πού πάς, σιγά-σιγά

ΝΤΕΝΤΕΚΤΙΒ θά γίνεις!

Ελα πάμε σ' αυτό εδωπέρα.

Κωμωδία είναι, νά γελάσουμε λιγάκι...

144

A. ΝΑ ΜΙΛΗΣΟΥΜΕ ΛΙΓΑΚΙ;   (PAIR-INTERVIEWS, see p. 18)

1. Τι έργα σ' αρέσουν; Ποιός/Ποιά ηθοποιός;

2. Πές μου γιά τήν δουλειά σου: Πού, τι ακριβώς,
   πόσες ώρες κ.τ.λ. Σ' αρέσει; Γιατί;

3. Πές μου γιά τό διαμέρισμά σου, γιά τήν γειτονιά σου.

4. Πόσα περίπου πληρώνεις κάθε μήνα (ή χρόνο) γιά νοίκι, τηλέφωνο,
   φώς, νερό, κοινόχρηστα, καλοριφέρ, βενζίνη, φόρο, ασφάλεια,
   δίδακτρα;

5. Πές μου γιά τό μάθημα. Τι σ'αρέσει; Τι δέν σ'αρέσει; Τι θέλεις νά
   κάνουμε περισσότερο/λιγότερο; Ποιές σελίδες νά κάνουμε επανάληψι;

6. Ποιό είναι τό αγαπημένο σου (Ελληνικό) φαγητό; Πώς τό μαγειρεύουμε;
   (Βάζουμε...Βράζουμε...Τηγανίζουμε...Ψήνουμε...)

7. Τι τρώς συνήθως γιά πρωινό; Γιά μεσημεριανό; Γιά βραδυνό;

ΒΟΗΘΕΙΑ!
Τί θά πεί _____ ;
Πώς θά πεί _____ ;

B. ΠΕΣΤΕ/ΓΡΑΨΤΕ ΕΡΩΤΗΣΕΙΣ ΚΙ
   ΑΠΑΝΤΗΣΕΙΣ ΜΕ ΤΙΣ ΛΕΞΕΙΣ:

; ⟶ . . .

1. αρέσει	⟶	2. καμία
3. άλλα	⟶	4. μόνο
5. σκουπίδια	⟶	6. κάθε
7. γιατί	⟶	8. γιατί
9. γιατί	⟶	10. γιά νά
11. γιά	⟶	12. περίπου

Γ. ΓΡΑΨΤΕ ΚΙ ΑΛΛΕΣ ΛΕΞΕΙΣ:

-Σέ ποιό πάτωμα μένετε;	Πληρώνω αρκετά λεφτά γιά...
-Στό τρίτο	_νοίκι_
_____	_____
_____	_____
_____	_____

Δ. ΔΟΥΛΕΨΤΕ ΜΕ ΚΑΙΝΟΥΡΓΙΑ
   ΡΗΜΑΤΑ (VERBS) ΟΠΩΣ ΚΑΙ
   ΣΤΗΝ ΣΕΛΙΔΑ 99 . ΓΙΑ
   ΒΟΗΘΕΙΑ ΨΑΞΤΕ ΣΤΗΝ ΛΙΣΤΑ
   (ΣΕΛ. 183 - 5).

9

ΠΟΙΟ ΧΡΩΜΑ/ΠΟΤΟ ΣΑΣ ΑΡΕΣΕΙ ΠΕΡΙΣΣΟΤΕΡΟ;

ΠΟΙΑ ΑΥΤΟΚΙΝΗΤΑ/ΕΡΓΑ ΣΑΣ ΑΡΕΣΟΥΝ ΠΕΡΙΣΣΟΤΕΡΟ;

	ΝΙΚΟΣ	ΕΛΕΝΗ	ΚΩΣΤΑΣ	ΔΗΜΗΤΡΗΣ	κ. ΜΙΝΑ
	τό άσπρο		τό κόκκινο		τό άσπρο
	τό ουίσκι	η ρετσίνα		τό τζίν	τό ουίσκι
	τά Φίατ	τά Τογιότα		τά Φίατ	τά Τογιότα
	οι κωμωδίες	τά αστυνομικά		οι κωμωδίες	

1. Ο Νίκος λέει: "Εμένα απ' όλα τά χρώματα περισσότερο μού αρέσει τό άσπρο."

2. Η Ελένη ρωτάει τόν Νίκο: "Εσένα, Νίκο, ποιό ποτό σού αρέσει περισσότερο;" Κι αυτός απαντάει: "Απ' όλα τά ποτά περισσότερο μού αρέσει τό ουίσκι."

3. Τού Νίκου τού αρέσει τό άσπρο περισσότερο απ'όλα τά χρώματα. Επίσης τού αρέσουν τά Φίατ περισσότερο απ' όλα τά αυτοκίνητα.

4. Τής Ελένης τής αρέσει η ρετσίνα περισσότερο απ' όλα τά ποτά. Επίσης τής αρέσουν τά αστυνομικά περισσότερο απ' όλα τά έργα.

5. Η Ελένη ρωτάει τόν Κώστα καί τόν Δημήτρη: "Εσάς ποιό χρώμα σάς αρέσει περισσότερο;" Κι αυτοί απαντάνε: "Εμάς περισσότερο απ' όλα μάς αρέσει τό κόκκινο."

6. Τού Κώστα καί τού Δημήτρη τούς αρέσει τό ίδιο χρώμα αλλά δέν τούς αρέσουν τά ίδια έργα.

7. Τής Ελένης καί τής κυρίας Μίνας τούς αρέσει τό ίδιο χρώμα αλλά δέν τούς αρέσουν τά ίδια έργα.

ΑΣΚΗΣΙ. Μπορείτε νά γράψετε κι άλλες προτάσεις σάν τίς παραπάνω γιά τήν ιστορία μας;

Α. ΟΙ ΣΟΥΗΔΕΖΕΣ

-Κώστα, δέ μού λές...
Σού αρέσουν οι Σουηδέζες;
-Μπά, καθόλου. Κρύες είναι γενικά.

-Ούτε η... Ίγκριντ;
-Η Ίγκριντ; Μού αρέσει σάν
άνθρωπος, άς πούμε, δέν...

-Ναί, γιαυτό τής μιλάς
όλη τήν ώρα;
-Άαα, ΠΑΛΙ ζήλειες; Αφού
σού τό είπα ΧΙΛΙΑΔΕΣ φορές:
ΜΟΝΟΝ εσύ μού αρέσεις,
αγάπη μου.

-Αλήθεια μού λές τώρα;
-Όχι, πλάκα σού κάνω.
Κουτό!

Β. ΠΡΟΣΟΧΗ! ("εσύ μού αρέσεις" CAN BE EXPLAINED AS "You are pleasing to me")

1α.

1β.

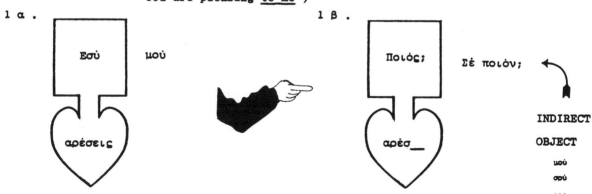

ΔΙΚΕΣ ΣΑΣ ΑΛΛΑΓΕΣ (Ποιός;/Σέ ποιόν;) Μέ τό 1β.

A.

-Στό μάθημα πᾶς
 τώρα; Ποῦ πᾶς;
-Στό μάθημα πάω.
-Τέτοια ὥρα;
 Νωρίς ἀκόμα!
-Ε, ΠΕΝΤΕ!
 Τί "νωρίς";
 Πάντα
 τέτοια ὥρα
 δέν πάω;

B.

-Αὔριο θά πᾶς στήν ἀγορά, Τασούλα μου;
-Ὄχι, ἐχθές πῆγα. Μάλλον...ΠΡΟΧΘΕΣ!

Γ.

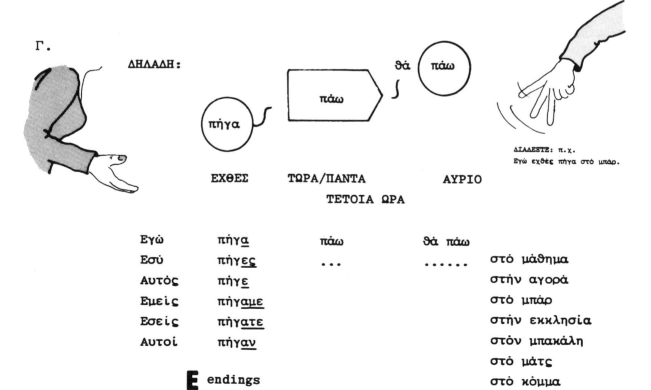

ΔΗΛΑΔΗ:

πῆγα   πάω   θά   πάω

ΕΧΘΕΣ   ΤΩΡΑ/ΠΑΝΤΑ   ΑΥΡΙΟ
         ΤΕΤΟΙΑ ΩΡΑ

ΔΙΑΛΕΞΤΕ: π.χ.
Εγώ εχθές πήγα στό μπάρ.

Εγώ	πῆγα	πάω	θά πάω	
Εσύ	πῆγες	...	......	στό μάθημα
Αυτός	πῆγε			στήν αγορά
Εμείς	πήγαμε			στό μπάρ
Εσείς	πήγατε			στήν εκκλησία
Αυτοί	πῆγαν			στόν μπακάλη
				στό μάτς
E endings				στό κόμμα

A. ΣΕ ΜΙΑ ΔΕΞΙΩΣΗ ..

-Αύριο θά πάτε στό Παρίσι;
Τί σύμπτωση! Κι εγώ ΑΥΡΙΟ
θά πάω, μέ τό τελευταίο
αεροπλάνο τό βράδυ.
-Ά, μέ τό ίδιο θά πάμε! Παρέα!
Πολύ ωραία!
-Να δώσουμε ραντεβού, λοιπόν,
στό αεροδρόμιο!

ΤΟ ΕΠΟΜΕΝΟ ΒΡΑΔΥ...

B.   ΔΗΛΑΔΗ:

Β'. ΤΩΡΑ ΔΙΚΕΣ ΣΑΣ ΑΛΛΑΓΕΣ:

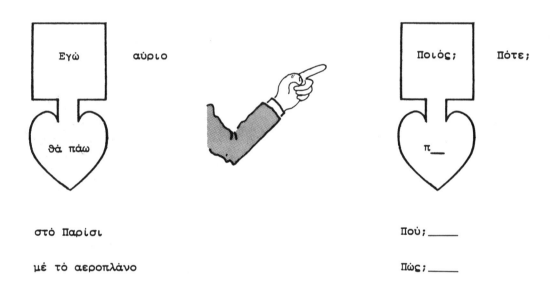

Εγώ   αύριο

θά πάω

στό Παρίσι

μέ τό αεροπλάνο

Ποιός;   Πότε;

π__

Πού;_____

Πώς;_____

ΓΙΑ ΑΛΛΑΓΕΣ ΣΤΟ Β' ΓΡΑΨΤΕ/ΦΕΡΤΕ ΛΙΣΤΕΣ (SUBSTITUTION-TRANSFORMATION)

(Ποιός;) = Εγώ   ⟶ Αυτή... κ.τ.λ.

(Πότε;) = αύριο   ⟶ κάθε μήνα, προχθές... κ.τ.λ.

(Πού;)   = στό Παρίσι   ⟶ στήν Κρήτη, στόν Πειραιά...κ.τ.λ.

(Πώς;)   = μέ τό αεροπλάνο⟶ μέ τό πλοίο... κ.τ.λ.

ΦΤΙΑΣΤΕ ΚΑΡΤΑ ΜΕ ΤΑ Β-Β'

Α. ΣΤΟΝ ΔΡΟΜΟ.

Γιά μιά τρυφερή στιγμή...

ΣΕΡ

τό τσιγάρο
τοῦ πραγματικοῦ
ἄντρα...

-Κι εσύ "ΣΕΡ" καπνίζεις, Μανόλη;
-"ΣΕΡ"; Δέν είμαστε καλά!
 Τσιγάρο είναι τό "ΣΕΡ";
 Μιά φορά δοκίμασα - ΑΠΑΙΣΙΟ!
-Άρα...δέν είσαι πραγματικός
 άντρας, Μανολάκη!
-Έτσι, έ;

Β. ΣΤΟ ΣΠΙΤΙ.

-Γιατί κλαις πάλι, καλέ;
-.....
-Δέν απαντάς;

-Έχασα τήν μπάλα μου...
 Κάπου τήν ξέχασα...
 Δέ θυμάμαι...
-ΚΑΛΑ νά πάθεις!!
 Άντε, κάτσε νά διαβάσεις
 λιγάκι, επιτέλους!
 Άντε, γιατί!

A.

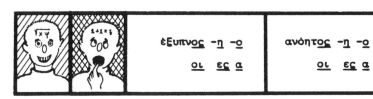

| | | έξυπνος -η -ο
οι ες α | ανόητος -η -ο
οι ες α |

-Έξυπνος είν' ο φίλος σου!
-Τί "έξυπνος", μωρέ;
-Ανόητος είναι!

ΑΛΛΑΓΕΣ:

1. Έξυπνος
   ο φίλος σου
   έξυπνος
   Ανόητος

2. Έξυπνοι
   οι φίλοι σου
   έξυπνοι
   Ανόητοι

3. Έξυπνος
   ο άντρας της
   έξυπνος
   Ανόητος

4. Έξυπνοι
   οι άντρες
   έξυπνοι
   Ανόητοι

5. Έξυπνος
   ο φοιτητής
   έξυπνος
   Ανόητος

6. Έξυπνοι
   οι φοιτητές
   έξυπνοι
   Ανόητοι

ΔΟΥΛΕΨΤΕ ΜΕ ΤΟ Α',
ΜΕ ΛΙΣΤΕΣ ΑΠΟ ΔΙΚΑ ΣΑΣ
ΟΥΣΙΑΣΤΙΚΑ (NOUNS)
IN SINGULAR AND PLURAL
ΚΑΙ ΜΕ ΤΑ ΠΑΡΑΚΑΤΩ
ΕΠΙΘΕΤΑ (ADJECTIVES):

έξυπνος - ανόητος
ακριβός - φτηνός
μεγάλος - μικρός
καθαρός - βρώμικος
όμορφος - άσχημος
ψηλός - κοντός
λεπτός - χοντρός

A'.

ΓΡΑΨΤΕ ΚΑΡΤΑ ΜΕ Α - Α'.

 =ΟΥΣΙΑΣΤΙΚΑ   =ΕΠΙΘΕΤΑ   =ΑΝΤΙΘΕΤΑ ΕΠΙΘΕΤΑ

152

ΠΟΥ ΕΙΝΑΙ Ο ΜΑΝΑΒΗΣ;

-Πού είναι ο μανάβης* πού λές, καλέ Σούλα;

Δέν υπάρχει μανάβης πουθενά. Λάθος κάνεις.

Δίπλα στόν φούρνο είναι η ταβέρνα.

Δίπλα στήν ταβέρνα είναι τό γαλακτοπωλείο.

Δίπλα στό γαλακτοπωλείο είναι τό καθαριστήριο.

-Άχ, δίκιο έχεις. Δέν υπάρχει μανάβης.

Περίεργο...Πώς είχα τήν εντύπωση...

Ίσως εκεί απέναντι. Έλα νά δούμε!

-Πλυντήριο είν' εκεί, αριστερά από τόν μπακάλη;

-Πλυντήριο είναι.

-Δεξιά από τόν μπακάλη τί είναι;

-Κομμωτήριο.

-Καλέ, απ' όλα υπάρχουν στήν γειτονιά μας.

Μόνο μανάβη** δέ βλέπω πουθενά!

---

* μανάβη<u>ς</u> - SUBJECT (Πού <u>είναι</u> ο μανάβης;)

** μανάβ<u>η</u> - OBJECT (μανάβη δέ <u>βλέπω</u> πουθενά)

A. 1. —Πού είναι ο μανάβης πού λές;

SPECIFY (which)

—Εδώ παρακάτω, στήν γωνία.

πού

2. —Πού μένει η φίλη σου πού δουλεύει στό Πανεπιστήμιο;

—Απέναντι, στήν πλατεία.

3. —Πού είναι τό σινεμά πού παίζει τόν "θίασο";

LOCALISE (where)

—Στήν οδό Κέας.

;

B.

1. —Πού είναι ο μανάβης;
    —Ποιός μανάβης;
    —Ο μανάβης πού λές.
    —Εδώ παρακάτω,
      στήν γωνία.

2. —Πού μένει η φίλη σου;
    —Ποιά φίλη μου;
    —Η φίλη σου πού δουλεύει
      στό Πανεπιστήμιο.
    —Απέναντι, στήν πλατεία.

3. —Πού είναι τό σινεμά;
    —Ποιό σινεμά;
    —Τό σινεμά πού παίζει
      τόν "θίασο".
    —Στήν οδό Κέας.

ΤΩΡΑ ΔΙΚΕΣ ΣΑΣ ΑΛΛΑΓΕΣ: ΦΤΙΑΞΤΕ ΔΙΚΟΥΣ ΣΑΣ ΔΙΑΛΟΓΟΥΣ.
(NEW NOUNS, SPECIFICATIONS, LOCATIONS).

Γ. IMPLIED PREPOSITION   = WHERE

1. Στήν τράπεζα πού δουλεύω όλοι ξέρουν Αγγλικά.   πού = AT which
2. Στόν τοίχο πού τό έβαλες δέν φαίνεται καλά.   πού = ON which
3. Στήν κρεβατοκάμαρα πού κοιμάσαι έχεις ξυπνητήρι;   πού = IN which

154

ΠΛΗΡΩΣΤΕ 68!

-Πόσο κάνουν όλα μαζί;

-Εξήντα οκτώ.

-Ορίστε [100] κατοστάρικο!

-Ένα λεπτό, παρακαλώ...

 Ορίστε τά ρέστα σας:

 Τριάντα δύο. (32)

 Ένα εικοσάρικο, ένα δεκάρικο,

 κι ένα δίφραγκο.

-Ευχαριστώ πολύ. Αντίο σας.

-Χαίρετε. Στό καλό.

ΑΛΛΑΓΕΣ :

1.
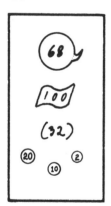

2.

3.

4.
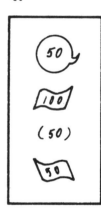

5.
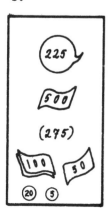

6.

7.
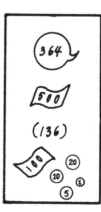

8.

ΤΙ...; (ΤΙ ΛΟΓΗΣ;)

ΕΚΠΤΩΣΕΙΣ ΕΩΣ 50%

Α. —Θά ἤθελα ἕνα ζευγάρι κάλτσες, παρακαλῶ.

—Τί κάλτσες; Βαμβακερές;

—Ὄχι, μάλλινες, ἄν ἔχετε.

Β. —Θά ἤθελα ἕνα ζευγάρι παντόφλες.

—Τί παντόφλες θέλετε; Γιά σᾶς;

—Ὄχι, μικρές, γιά παιδί.

—Ἔχουμε κάτι δερμάτινες...

ΕΞΑΙΡΕΤΙΚΕΣ!

Γ. —Θά ἤθελα ἕνα ζευγάρι μπότες.

—Τί μπότες θέλετε; Ἀνδρικές;

—Ὄχι, γιά μένα. Γυναικεῖες.

—Τί νούμερο φοράτε;

—Σαράντα.

Δ.

—Θά ἤθελα ἐσώρουχα, παρακαλῶ.

—Τί ἐσώρουχα θέλετε; Ἀνδρικά;

—Καί ἀνδρικά καί γυναικεῖα

θά ἤθελα νά δῶ. Τί ὕφασμα εἶναι;

—Συνθετικό τά περισσότερα.

φανέλα   σλιπάκι   σουτιέν   κιλότα

Ε. —Θά ἤθελα μιά νυχτικιά

γιά μένα, βαμβακερή.

—Μάλιστα. Τίποτ' ἄλλο;

—Καί μπιτζάμες γιά τόν ἄντρα μου.

—Τί λογῆς μπιτζάμες; Βαμβακερές;

—Ὄχι, μεταξωτές, ἄν ἔχετε.

—Βεβαίως ἔχουμε, μαντάμ.

Ἕνα λεπτό νά σᾶς δείξω.

Ζ.

ΔΟΥΛΕΨΤΕ ΑΝΑΛΟΓΑ ΜΕ ΔΙΚΑ ΣΑΣ ΟΥΣΙΑΣΤΙΚΑ (ΛΙΣΤΑ)

—Τί (λογῆς)_____ εἶναι; ⟶ (π.χ. κάλτσες)

—Βαμβακερ_./Μάλλιν_./Μεταξωτ_./Νάιλον./Συνθετικ_./Δερμάτιν_./

Ἀνδρικ_./Γυναικεῖ_./Παιδικ_./Ξύλιν_./Πλαστικ_./

—Καί τί χρῶμα εἶναι_____ πού λές; ⟶ (π.χ. οἱ κάλτσες)

—Ἄσπρ_./Μαῦρ_./Γκρίζ_./Κόκκιν_./Κίτριν_./Πράσιν_./

Μπλέ./ Μόβ./Ρόζ./Καφέ./Πολύχρωμ_./Καρό./Πουάν./Ἐμπριμέ./

-Πού είναι η μπάλα μου;
Περίεργο...
Εδώ στό χόλ δέν είναι...
Στήν ΚΡΕΒΑΤΟΚΑΜΑΡΑ
πρέπει νά 'ναι!

-ΓΙΑ νά δούμε!
Πάνω στό κρεβάτι δέν είναι.
Κάτω από τό κρεβάτι...
δέν είναι...

Πάνω από τήν ντουλάπα
δέν είναι...

Μέσα στήν ντουλάπα
δέν είναι...

Έξω, στό μπαλκόνι δέν είναι.

ΒΡΕ, νάτη!! Πίσω από
τήν γλάστρα, στήν γωνία!
ΕΚΕΙΝΗ τήν έβαλε 'δώ πίσω,
νά μήν τήν βρίσκω!

-ΚΩΣΤΑΚΗ! Τί κάνεις εκεί;
-Τόν ΣΤΙΛΟ μου ψάχνω, μαμά.
-Ποιόν "στιλό" σου, βρέ;
Σέ ΜΕΝΑ τά πουλάς αυτά;

A.   ΛΕΩ ΝΑ ΠΑΩ...

-Λέω νά πάω <u>στήν Πλάκα</u> απόψε.

-Πάμε   μαζί, άν θέλεις.

  Εγώ μένω <u>ΚΟΝΤΑ στήν Πλάκα</u>.

-Σοβαρά; Δέν τό 'ξερα.

-Πολύ κοντά, παιδάκι μου.

  <u>Η Πλάκα</u> είναι <u>δέκα λεπτά</u>

  από τό σπίτι μου <u>μέ τά πόδια.</u>

ΑΛΛΑΓΕΣ:

1.

στήν Πλάκα
κοντά στήν Πλάκα
Η Πλάκα
10' - μέ τά πόδια

2.

στήν βιβλιοθήκη
κοντά στήν βιβλιοθήκη
Η βιβλιοθήκη
5' - μέ τό αμάξι

3.

στόν Πειραιά   → P.
κοντά στόν Πειραιά   → P.
Ο Πειραιάς   → S.
2' - μέ τόν ηλεκτρικό

4.

στό Σύνταγμα
κοντά στό Σύνταγμα
Τό Σύνταγμα
3' - μέ τό λεωφορείο

5.

στό σινεμά
κοντά στό σινεμά
Τό σινεμά
10' - μέ τό τρόλεϊ

6.

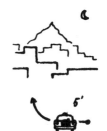

στόν Λυκαβηττό   → P.
κοντά στόν Λυκαβηττό   → P.
Ο Λυκαβηττός   → S.
5' - μέ τό ταξί

Β. ΦΤΙΑΞΤΕ (ΠΕΣΤΕ/ΓΡΑΨΤΕ) ΔΙΚΟΥΣ ΣΑΣ ΔΙΑΛΟΓΟΥΣ:

-Πόσ___ (μακριά, λεπτά, ώρα, ώρες) είναι | S. | από δώ;

-Ά, στ_ (P.) θέλετε νά πάτε; Είναι, νομίζω,

_____(λεπτά, ώρα, ώρες) από 'δώ μέ τ_____

Α. ΜΕ ΤΙΣ ΕΚΠΤΩΣΕΙΣ

ΕΧΘΕΣ

—Σήμερα θά πᾶς στήν αγορά; Εγώ ΕΧΘΕΣ πῆγα καί ψώνισα.
Μέ τις εκπτώσεις... καταλαβαίνεις! Έκανα πολλά ψώνια!

Εγώ	ΕΧΘΕΣ πῆγα	καί ψώνισα...	Έκανα	πολλά ψώνια!
Εσύ	πῆγες	ψώνισες;	Έκανες	" ;
Αυτή	πῆγε	ψώνισε...	Έκανε	" !
Εμείς	πήγαμε	ψωνίσαμε...	Κάναμε	" !
Εσείς	πήγατε	ψωνίσατε;	Κάνατε	" ;
Αυτές	πήγαν	ψώνισαν...	Έκαναν	" !

E endings

(For alternative endings see p. 185)

Β. ΤΩΡΑ ΑΛΛΑΓΕΣ: (Πότε;) = εχθές → προχθές τό απόγευμα, σήμερα τό πρωί,
τήν περασμένη Τετάρτη, τήν περασμένη εβδομάδα, τόν περασμένο μήνα,
πρίν από λίγες μέρες, πρό ημερών, τις προάλλες, προηγουμένως, πρίν από λίγο.

Τώρα, όμως, υπάρχει τό

ΔΕΡΜΑΤΟΛ

Γιά τό πρόσωπο...

Γιά τόν λαιμό...

Γιά τά χέρια...

Γιά ΟΛΟ τό σώμα...

Επιτέλους! Κάτι ΔΙΑΦΟΡΕΤΙΚΟ!

ΔΕΡΜΑΤΟΛ: Τό μυστικό τῆς ΠΡΑΓΜΑΤΙΚΗΣ γυναίκας!

ΔΕΡΜΑΤΟΛ: Η καλύτερη φροντίδα τοῦ ΔΕΡΜΑΤΟΣ!

ΔΕΡΜΑΤΟΛ: Η κρέμα πού ΟΛΕΣ σας περιμένατε!

ΔΕΡΜΑΤΟΛ: Τριαντάφυλλο, Λεμόνι, Γιασεμί!

ΔΕΡΜΑΤΟΛ: Σέ ΟΛΑ τά καταστήματα καλλυντικών!

ΔΕΡΜΑΤΟΛ: ΕΛΛΗΝΙΚΗΣ ΚΑΤΑΣΚΕΥΗΣ

A. 1.  ΑΛΛΑΓΗ: 2.

```
-Από πού είστε, δεσποινίς;
-Από τήν Γαλλία.
-Ά, Γαλλία. Τι όμορφη χώρα!
 Στήν Ελλάδα... μόνη σας ήρθατε;
-Μὲ τόν φίλο μου μαζί ήρθαμε.
-Μάλιστα. Γάλλος ο...
 αρραβωνιαστικός σας;
-Όχι, Έλληνας είναι. Αλλά                    Γερμανός
 τόν γνώρισα στήν Γαλλία.
-Από ποιά πόλη τής Γαλλίας είστε;
-Από τό Παρίσι. Εκεί ΓΕΝΝΗΘΗΚΑ,           τήν Μασσαλία
 δηλαδή.
-Ά, στό Παρίσι γεννηθήκατε!               στήν Μασσαλία
 Μάλιστα. Οι γονείς σας εκεί μένουν;
-Ο πατέρας μου. Η μητέρα μου πέθανε.
-Ζωή σέ λόγου σας! Πόσων ετών;
-Γύρω στά σαράντα.                           πενήντα
-Ιιι!*... Νέα γυναίκα! Κι εμένα
 ο πρώτος άντρας μου πέθανε, μέ τόν
 δεύτερο χώρισα. Αυτά είναι...
 Τέλος πάντων. Μέ τι ασχολείσθε,
 άν επιτρέπεται;
-Φοιτήτρια στό Πανεπιστήμιο.              Τώρα... νοικοκυρά.
-Μπράβο, παιδί μου. Τι σπουδάζετε;        Ο αρραβωνιαστικός σας;
-Ιατρική.                                 Οικονομολόγος.
-Τι λέτε! Σέ ποιό έτος είστε;            Σέ γραφείο δουλεύει;
-Στό τρίτο.                                Σέ μιά τράπεζα.
```

```
Πάντως, βλέπω, σιγά -σιγά ΑΡΧΙΣΑΤΕ νά τά μιλάτε
τά Ελληνικά κι οι δυό σας! Έ, κουτσά - στραβά στήν αρχή·
δέν πειράζει. Σημασία έχει πού συνεννοείστε.
```

---

* To be pronounced with inhalation rather than exhalation.

A.   ΑΣΚΗΣΗ

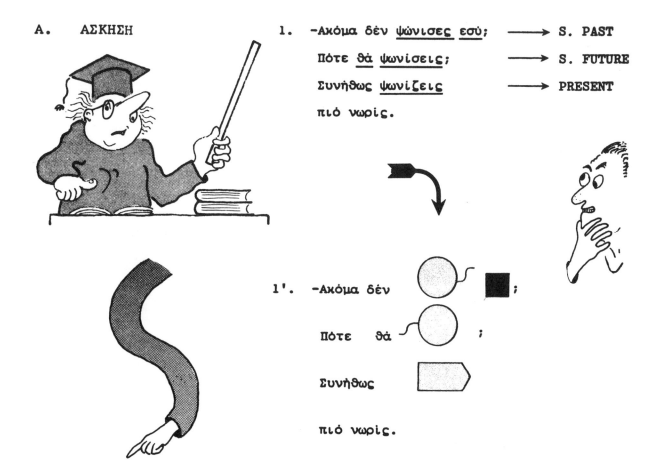

1.   -Ακόμα δέν <u>ψώνισες εσύ</u>; ⟶ S. PAST

Πότε <u>θά ψωνίσεις</u>; ⟶ S. FUTURE

Συνήθως <u>ψωνίζεις</u> ⟶ PRESENT

πιό νωρίς.

1'.   -Ακόμα δέν ◯ ■ ;

Πότε θά ◯ ;

Συνήθως ▱

πιό νωρίς.

ΔΟΥΛΕΨΤΕ ΣΤΟ 1' ΜΕ ΡΗΜΑΤΑ (VERBS) ΑΠΟ ΤΗΝ ΛΙΣΤΑ (ΣΕΛ. 183 - 5).
ΔΙΚΕΣ ΣΑΣ ΑΛΛΑΓΕΣ ΣΤΟ (Ποιός;). ΧΡΗΣΙΜΟΠΟΙΗΣΤΕ, ΑΝ ΧΡΕΙΑΖΕΣΤΕ,
ΒΟΗΘΗΤΙΚΕΣ ΛΕΞΕΙΣ (π.χ. ψωνίζω <u>από τόν μπακάλη</u>).
ΦΤΙΑΣΤΕ ΚΑΡΤΑ ΜΕ 1 - 1'.

Β. ΝΑ ΜΙΛΗΣΟΥΜΕ ΛΙΓΑΚΙ;

(PAIR-INTERVIEWS, see p. 18)

1. Τί μουσική ακούς; Τί βιβλία/περιοδικά διαβάζεις;
2. Ποιά σπόρ σ' αρέσουν; Ποιά ομάδα;
3. Τί καλλυντικά χρησιμοποιείς; Γιά ποιόν λόγο τό καθένα;
4. Πές μου γιά κάποιον/κάποιαν πού πέθανε ή πού χώρισε. Γιατί;
   Πόσων ετών; Καί η οικογένειά του/της τί απέγινε;
5. Τί έκανες εχθές καί προχθές; Πές μου γιά ένα παρτι πού πήγες.
6. Τί έκανες/θά κάνεις τις γιορτές (τό Πάσχα, τά Χριστούγεννα),
   στις διακοπές ή στήν άδειά σου;
7. Τί κάνεις συνήθως όταν είσαι στεναχωρεμέν<u>ος/η</u>, χαρούμεν<u>ος/η</u>,
   θυμωμέν<u>ος/η</u>, κουρασμέν<u>ος/η</u>, ερωτευμέν<u>ος/η</u>;
8. Πές μου γιά ένα πρόσωπο/ένα μέρος/μιά ιστορία πού σού έκανε καλή
   ή κακή εντύπωση.

Α. ΛΟΓΙΚΟ ΚΑΙ

ΠΑΡΑΛΟΓΟ

Μερικές φορές <u>ένας τοίχος</u> μπορεί νά είναι <u>άσπρος</u>, αλλά ποτέ δέν μπορούμε νά πούμε ότι <u>ένας τοίχος</u> είναι <u>ερωτευμένος</u>!!

ΓΡΑΨΤΕ ΑΝΑΛΟΓΕΣ ΠΡΟΤΑΣΕΙΣ ΜΕ ΤΟ ΠΑΡΑΚΑΤΩ ΠΑΡΑΔΕΙΓΜΑ. ΧΡΗΣΙΜΟΠΟΙΗΣΤΕ ΟΥΣΙΑΣΤΙΚΑ (NOUNS) ΚΑΙ ΕΠΙΘΕΤΑ (ADJECTIVES) ΑΠΟ ΤΗΝ ΛΙΣΤΑ.

ΠΑΡΑΔΕΙΓΜΑ: Μερικές φορές (NOUN) μπορεί νά είναι (ADJ. #1), αλλά ποτέ δέν μπορούμε νά πούμε ότι (NOUN) είναι (ADJ. #2)!!

ΛΙΣΤΑ:

ένας → τοίχος/Έλληνας/φοιτητής/σάκος
μία → ζώνη/γυναίκα/πόλη/γράβατα
ένα → έργο/σπίτι/πάρτι/φόρεμα

άσπρος...μαύρος...κόκκινος...καλός
ξύλινος...μεγάλος...μικρός...ακριβός
φτηνός...καθαρός...βρώμικος...όμορφος
άσκημος...βαμβακερός...δερμάτινος
κουρασμένος...έξυπνος...ερωτευμένος
—— ος - η - ο ——

Β. ΓΡΑΨΤΕ ΕΝΑ ΓΡΑΜΜΑ ΜΕ ΤΙΣ ΛΕΞΕΙΣ:*

↓

18 - 3 - 80

Αγαπητή μου Λίνα,

Τί κάνεις;... γιά τό Πάσχα ... εμείς ... φίλος ... Γαλλία

... χωριό ... δέν ξέρω ... δωμάτια ... φτηνό ξενοδοχείο

... περίπου δέκα μέρες ... όλοι μαζί ... ελπίζω νά ...

Γράψε μου σύντομα. Σέ φιλώ,

Δημήτρης

Γ. ΓΡΑΨΤΕ ΚΙ ΑΛΛΕΣ ΛΕΞΕΙΣ:

πόλεις:

Αθήνα

νησιά:

Πόρος

μέρη στήν Αθήνα:

Σύνταγμα

*The teacher will help you with up to ten more words once you conceive the possible ideas to be expressed in the letter. If you know the sound of a word but not its correct spelling, just record the sound in the easiest possible way utilizing Greek characters.

10

ΕΝΑΣ ΚΑΒΓΑΣ

1. —Στάσου, βρέ Νίκο! Πού πάς; Κάτσε νά σέ δούμε λιγάκι!

2. —Γυναίκααα! Βάλε κι άλλες πιπεριές!

3. —......

4. —Φάε κανα μεζέ, Νικολάκη. Δέ θά φάς; Καί πιές όσο θέλεις, έχουμε μεγάλο μπουκάλι... Βρέ τόν Νικολάκη! Τί γίνεσαι; Χαθήκαμε. Πές μου τά νέα σου. Πώς τίς βλέπεις τίς εκλογές;
—Η γνώμη μου γιά τίς εκλογές είναι ότι...

5. —Α, δέν έχεις δίκιο!
—Μίλα πιό καθαρά!
—Δώσ' μου ένα παράδειγμα!
—ΕΣΥ είσαι αστός, όχι εγώ!
—Σταμάτα τίς ανοησίες!
—Κοίταξε νά δείς, Νικολάκη!
—Άκου τί σού λέω ΕΓΩ!
—Είσαι πολύ αφελής!

—ΣΗΚΩ ΚΑΙ ΦΥΓΕ ΑΜΕΣΩΣ ΑΠΟ ΤΟ ΣΠΙΤΙ ΜΟΥ!!!

Α. Η ΠΟΛΙΤΙΚΗ ΚΑΤΑΣΤΑΣΗ ΣΤΗΝ ΦΡΙΛΑΝΔΙΑ

Στήν φανταστική χώρα Φριλανδία υπάρχουν τρία πολιτικά κόμματα:
τό κόμμα τών Συντηρητικών Φριλανδών, γνωστό καί ως ΣΥΦ, τό κόμμα
τών Φιλελευθέρων Φριλανδών, γνωστό καί ως ΦΙΦ, καί τό κόμμα τών
Σοσιαλιστών Φριλανδών, γνωστό καί ως ΣΟΦ.
Ο πρόεδρος τού ΣΥΦ λέγεται Κορνήλιος Χούξ, ο πρόεδρος τού ΦΙΦ
λέγεται Αλβέρτος Ζέμ καί ο πρόεδρος τού ΣΟΦ λέγεται Μάξ Μπούμ.
Τώρα βρίσκεται στήν κυβέρνησή τό κόμμα ΣΟΦ καί πρωθυπουργός
είναι ο κύριος Μπούμ.

Σύμφωνα μέ τίς προηγούμενες εκλογές,
στίς οποίες νίκησε τό ΣΟΦ, η Βουλή
τών Τριακοσίων τής χώρας έχει 150
βουλευτές τού ΣΟΦ, 50 βουλευτές
τού ΦΙΦ καί 100 βουλευτές τού ΣΥΦ.
Τό ΣΟΦ συμφωνεί μέ τό ΦΙΦ στά
εκπαιδευτικά καί στρατιωτικά
θέματα, αλλά όχι στά οικονομικά.
Τό ΦΙΦ καί τό ΣΥΦ συμφωνούνε
μόνον στά οικονομικά θέματα,
ενώ τό ΣΥΦ καί τό ΣΟΦ δέν
συμφωνούνε σέ τίποτα!

ΦΡΙΛΑΝΔΙΑ			
Κόμματα	ΣΥΦ	ΦΙΦ	ΣΟΦ
Πρόεδρος	Κ. Χούξ	Α. Ζέμ	Μ. Μπούμ
Βουλευτές	100	50	150
Ποιά κόμματα συμφωνούνε στά εκπαιδευτικά		●----●	
στρατιωτικά		●----●	
οικονομικά θέματα $	●----●		

Β. ΣΩΣΤΟ Η ΛΑΘΟΣ;...Βάλτε Σ ή Δ στήν κάθε παρένθεσι:

1. Ο πρωθυπουργός τής Φριλανδίας είναι ο πρόεδρος τού ΣΟΦ. ( )
2. Ο Κορνήλιος Χούξ είναι πρόεδρος τού κόμματος πού είναι στήν κυβέρνηση. ( )
3. Τό κόμμα τών συντηρητικών συμφωνεί μέ τό κόμμα τών φιλελευθέρων στά στρατιωτικά θέματα. ( )
4. Τό κόμμα τών σοσιαλιστών συμφωνεί μέ τό κόμμα τών συντηρητικών στά οικονομικά θέματα. ( )
5. Τό κόμμα πού έχει 100 βουλευτές στήν Βουλή τών 300 δέν νίκησε στίς προηγούμενες εκλογές. ( )

Γ. ΤΩΡΑ ΓΡΑΨΤΕ ΑΛΛΕΣ ΔΙΚΕΣ ΣΑΣ ΠΡΟΤΑΣΕΙΣ ΠΟΥ ΟΔΗΓΟΥΝ ΣΕ Σ Η Δ ΣΕ ΣΧΕΣΗ
ΜΕ ΤΗΝ ΦΡΙΛΑΝΔΙΑ. ΔΙΑΒΑΣΤΕ ΤΙΣ ΠΡΟΤΑΣΕΙΣ ΣΑΣ ΣΤΟ ΜΑΘΗΜΑ. ΟΙ ΣΥΜΜΑΘΗΤΕΣ
ΣΑΣ ΜΠΟΡΟΥΝ ΝΑ ΒΡΟΥΝ ΑΝ ΑΥΤΟ ΠΟΥ ΛΕΤΕ ΕΙΝΑΙ "ΣΩΣΤΟ" Η "ΛΑΘΟΣ";

A. -Μέσα στὴν Αθήνα μένεις;
    -Μπά, όχι. Έξω από τὴν Αθήνα
    μένω εγώ. Στὴν Κηφισιά.
    Η Αθήνα δὲ μ' αρέσει ΚΑΘΟΛΟΥ!

Μέσα σ_

Έξω από _

Αθήνα

Κηφισιά

ΑΛΛΑΓΕΣ:

Αθήνα

Πειραιάς

Θεσσαλονίκη

Ναύπλιο

Κηφισιά

Φάληρο

Πανόραμα

ένα χωριό

1.	2.	3.	4.
Μέσα στὴν Αθήνα	Μέσα στὸν Πειραιά	Μέσα στὴν Θεσσαλονίκη	Μέσα στὸ Ναύπλιο
Έξω από τὴν Αθήνα	Έξω από τὸν Πειραιά	Έξω από τὴν Θεσσαλονίκη	Έξω από τὸ Ναύπλιο
Στὴν Κηφισιά	Στὸ Φάληρο	Στὸ Πανόραμα	Σ' ένα χωριό
Η Αθήνα	Ο Πειραιάς	Η Θεσσαλονίκη	Τὸ Ναύπλιο

Α'. ΤΩΡΑ ΔΙΚΕΣ ΣΑΣ ΑΛΛΑΓΕΣ.
     (ΦΕΡΤΕ ΛΙΣΤΑ - ΦΤΙΑΣΤΕ ΚΑΡΤΑ)

-Μέσα σ_   ◯   μένεις;

-Μπά, όχι, ΕΞΩ από   ◯   μένω εγώ.

☐   δὲ μ' αρέσει ΚΑΘΟΛΟΥ!

B.   ΔΙΑΛΕΞΤΕ ΠΡΟΤΑΣΕΙΣ (π.χ. Ψάχνουμε ένα χωριό δυτικά από τὴν Αθήνα).

Ψάχνουμε		μιά πόλη			τὸν Βόλο
Βρήκαμε		ένα χωριό	ανατολικά		
Πήγαμε		ένα προάστιο		από	
θὰ πάμε	σὲ	ένα νησί	δυτικά		
Μείναμε κοντά		ένα ποτάμι			τὴν Αθήνα
Μένουμε δίπλα		μία λίμνη	βόρεια		
Σταματήσαμε		μιά ακρογιαλιά			
θὰ περάσουμε		ένα μέρος	νότια		
Περάσαμε	από				τὸ Ναύπλιο

ΤΩΡΑ ΡΩΤΗΣΤΕ ΚΑΙ ΔΩΣΤΕ ΑΠΑΝΤΗΣΕΙΣ ΜΕ ΤΙΣ ΠΑΡΑΠΑΝΩ ΠΡΟΤΑΣΕΙΣ

(π.χ. -Τί ψάχνετε; -Ψάχνουμε... / -Πού πήγατε; -Πήγαμε σὲ...
       -Από πού θὰ περάσετε; -θὰ περάσουμε από...)

-Μένεις <u>κοντά στόν σταθμό</u>, Δημήτρη;
-Μπά, όχι, μένω <u>μακριά από τόν σταθμό</u> εγώ.
-Πόση ώρα, δηλαδή, μέ τό λεωφορείο;
-Ε, περίπου είκοσι - εικοσπέντε λεπτά.
 Εσύ μένεις κοντά;
-Ναί, εγώ μένω <u>δίπλα στόν σταθμό</u> ακριβώς!

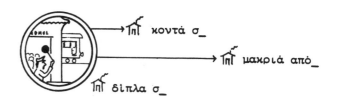

κοντά σ_

μακριά από_

δίπλα σ_

ΑΛΛΑΓΕΣ :

1.

κοντά στόν σταθμό
μακριά από τόν σταθμό
δίπλα στόν σταθμό

2.

κοντά στό γραφείο
μακριά από τό γραφείο
δίπλα στό γραφείο

3.

κοντά στήν αγορά
μακριά από τήν αγορά
δίπλα στήν αγορά

4.

κοντά στήν πρεσβεία
μακριά από τήν πρεσβεία
δίπλα στήν πρεσβεία

5.

κοντά στό λιμάνι
μακριά από τό λιμάνι
δίπλα στό λιμάνι

6.

κοντά στό αεροδρόμιο
μακριά από τό αεροδρόμιο
δίπλα στό αεροδρόμιο

7.

κοντά στό πρακτορείο
μακριά από τό πρακτορείο
δίπλα στό πρακτορείο

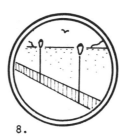

8.

κοντά στήν παραλία
μακριά από τήν παραλία
δίπλα στήν παραλία

9.

κοντά στό γήπεδο
μακριά από τό γήπεδο
δίπλα στό γήπεδο

A.   ΜΟΥ ΔΙΝΕΙΣ...;

-Μού δίνεις <u>τόν αναπτήρα</u> μου
από 'κεί, βρέ Μανόλη;
-Ά, <u>ΔΙΚΟΣ</u> σου ειν'
<u>αυτός ο αναπτήρας</u>,
ρέ παιδάκι μου;
Και λέω κι εγώ...
"Ποιανού είναι;"

-Ναι, <u>δικός</u> μου είναι, Έλα,
δώσ' μου <u>τον</u> και βιάζομαι.
-Πού τρέχεις πάλι;
-Δουλειές, δουλειές...

 ΔΙΚ_

ΑΛΛΑΓΕΣ:

1.   τόν αναπτήρα
δικός - αυτός ο αναπτήρας
δικός - τόν

2.   τήν μηχανή*
δική - αυτή η μηχανή
δική - τήν

3.   τό τετράδιο
δικό - αυτό τό τετράδιο
δικό - τό

4.   τούς αναπτήρες
δικοί - αυτοί οι αναπτήρες
δικοί - τούς

5.   τις μηχανές
δικές - αυτές οι μηχανές
δικές - τις

6.   τά τετράδια
δικά - αυτά τά τετράδια
δικά - τά

B. DISCUSS <u>S</u> (SUBJECT/SUBJECTIVE CASE) AND <u>O</u> (OBJECT/OBJECTIVE CASE) IN THE ABOVE.

See also GRAMMAR APPENDIX, p. 199

* μηχανή = φωτογραφική μηχανή

A.   MOY ΔΙΝΕΤΕ...;

-Μού δίνετε <u>τόν χάρτη</u> μου
από 'κεί, κύριε Νίκο;
-Ά, <u>ΔΙΚΟΣ</u> σας είν'
<u>αυτός ο χάρτης</u>;
Καί λέω κι εγώ. . . . .
"Ποιανού είναι;"

-Ναι, <u>δικός</u> μου είναι.
<u>Τόν</u> ξέχασα.
-Ορίστε.

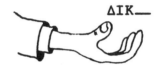

ΔΙΚ__

ΑΛΛΑΓΕΣ:

1.   τόν χάρτη
δικός - αυτός ο χάρτης
δικός - τόν

2.   τήν σβηστήρα
δική* - αυτή η σβηστήρα
δική - τήν

3.   τό γράμμα
δικό - αυτό τό γράμμα
δικό - τό

4.   τούς χάρτες
δικοί - αυτοί οι χάρτες
δικοί - τούς

5.   τις σβηστήρες
δικές - αυτές οι σβηστήρες
δικές - τις

6.   τά γράμματα
δικά - αυτά τά γράμματα
δικά - τά

B. ΚΑΙ ΦΥΣΙΚΑ: δικ_μου/σου/του/της/του/μας/σας/τους.

---

* δική: ALSO δικιά

ΑΣ' ΤΟ ΚΑΤΩ!

-Άσ' το κάτω αυτό τό βιβλίο! → Ο.

Δικό μου είναι! → S.

Ο ΜΠΑΜΠΑΣ μού τό πῆρε! → Ο.

-Καλέ, τό ΞΕΡΩ πώς είναι δικό σου. → S.

Μπάαα! Σού τό ἔκλεψα, δηλαδή; → Ο.

Ἀπλώς τό κοιτάω. → Ο.

ΚΑΤΑΛΑΒΑΙΝΕΤΕ ΓΙΑΤΙ;

ΑΛΛΑΓΕΣ:

1.

Άσ' το - αυτό τό βιβλίο
Δικό
    τό
     δικό
    τό
    τό

2.

Άσ' την - αυτήν τήν μπάλα
Δική
    τήν
     δική
    τήν
    τήν

3.

Άσ' τον - αυτόν τόν στιλό
Δικός
    τόν
     δικός
    τόν
    τόν

4.

Άσ' τα - αυτά τά βιβλία
Δικά
    τά
     δικά
    τά
    τά

5.

Άσ' τες* - αυτές τίς μπάλες
Δικές
    τίς
     δικές
    τίς
    τίς

6.

Άσ' τους - αυτούς τούς στιλούς
Δικοί
    τούς
     δικοί
    τούς
    τούς

---

* τες - after commands

Α. ΠΡΙΝ / ΜΕΤΑ

-Πού είναι <u>η γέφυρα</u> πού λές; Πλησιάζουμε;

-Ού, έχουμε κανα τέταρτο ακόμα <u>γιά τήν γέφυρα</u>. Μή βιάζεσαι.

-Καλά, όχι, δέ μέ νοιάζει...Απλώς ρωτάω. Τό δικό σου τό σπίτι είναι <u>πρίν από τήν γέφυρα</u>;

-Όχι, <u>μετά από τήν γέφυρα</u> είναι. Θά σού τό δείξω.

~ 15'   πρίν   μετά

ΔΙΚΕΣ ΣΑΣ ΑΛΛΑΓΕΣ: (η γέφυρα) ⟶ (ο σταθμός, τό τέρμα, η αφετηρία κ.τ.λ.)

ΑΛΛΕΣ ΑΣΚΗΣΕΙΣ:

Β. -Όχι, όχι, λάθος!

  <u>Εγώ</u> αυτό τό βιβλίο

  πρώτη φορά τό βλέ<u>πω</u>.

  Δέν είναι δικό <u>μου</u>.

⟶

Β'. -Όχι, όχι, λάθος!

  ■ αυτό τό βιβλίο

  πρώτη φορά τό βλέπ_.

  Δέν είναι δικό

Γ. -Αυτό<u>ς</u> ο στιλό<u>ς</u>

  δέν είναι δικό<u>ς</u> μου.

  Εγώ ψάχνω

  τ<u>όν</u> ΔΙΚ<u>Ο</u> μου τ<u>όν</u> στιλό.

⟶

Γ'. -Αυτ_

  δέν είναι δικ_   μου.

  Εγώ ψάχνω

  τ_ ΔΙΚ_   μου

Δ. -<u>Η</u> δικ<u>ή</u> μου <u>η μπλούζα</u>

  είναι μέσα <u>στήν ντουλάπα</u>.

  <u>Τήν</u> βρήκες;

⟶

Δ'. -___ δικ_ μου

  είναι

  ● βρήκες;

ΔΙΚΕΣ ΣΑΣ ΑΛΛΑΓΕΣ: ΣΤΑ Β', Γ', Δ'. ΦΕΡΤΕ ΛΙΣΤΑ ΜΕ ΟΥΣΙΑΣΤΙΚΑ (NOUNS). ΦΤΙΑΣΤΕ ΤΡΕΙΣ ΚΑΡΤΕΣ: Β-Β', Γ-Γ', Δ-Δ'. ΣΤΟ Δ' ΚΑΝΤΕ ΔΙΚΕΣ ΣΑΣ ΑΛΛΑΓΕΣ ΚΑΙ ΣΤΟ (Πού;). ΑΝΤΙ ΓΙΑ "μέσα στήν ντουλάπα" ·····➤μέσα στό ντουλάπι, κοντά στήν τράπεζα, μακριά από τήν πόρτα, πάνω στό κρεβάτι, κάτω από τό τραπέζι, δίπλα στόν νεροχύτη, έξω από τήν Αθήνα, πίσω από τά δέντρα, μπροστά στήν εκκλησία, αριστερά καί δεξιά από τό παράθυρο, ανάμεσα στά ρούχα κάπου, κ.τ.λ.

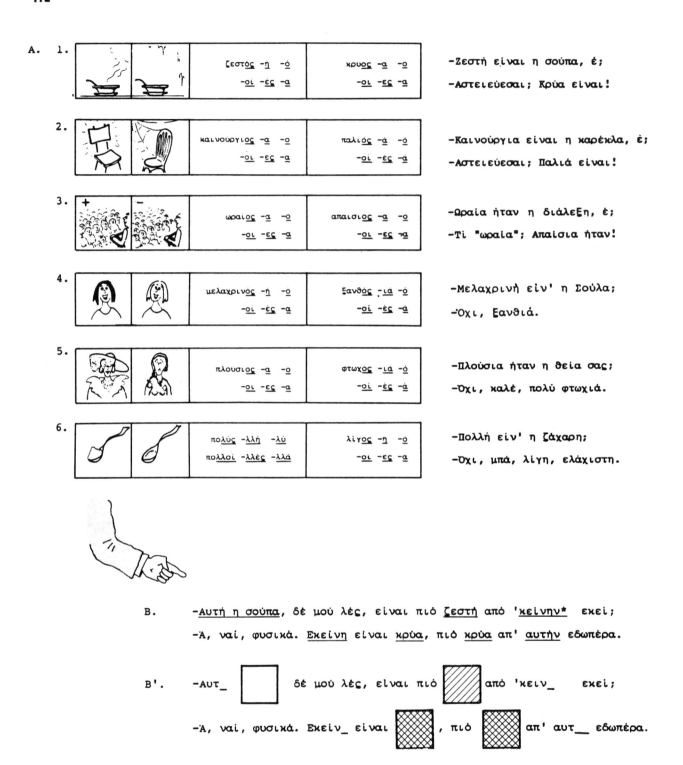

A. 1.

ζεστός -ή -ό
-οι -ες -α

κρύος -α -ο
-οι -ες -α

-Ζεστή είναι η σούπα, έ;

-Αστειεύεσαι; Κρύα είναι!

2.

καινούργιος -α -ο
-οι -ες -α

παλιός -ά -ό
-οι -ές -ά

-Καινούργια είναι η καρέκλα, έ;

-Αστειεύεσαι; Παλιά είναι!

3.

ωραίος -α -ο
-οι -ες -α

απαίσιος -α -ο
-οι -ες -α

-Ωραία ήταν η διάλεξη, έ;

-Τί "ωραία"; Απαίσια ήταν!

4.

μελαχρινός -ή -ό
-οι -ές -α

ξανθός -ιά -ό
-οι -ές -α

-Μελαχρινή είν' η Σούλα;

-Όχι, ξανθιά.

5.

πλούσιος -α -ο
-οι -ες -α

φτωχός -ιά -ό
-οι -ές -ά

-Πλούσια ήταν η θεία σας;

-Όχι, καλέ, πολύ φτωχιά.

6.

πολύς -λλή -λύ
πολλοί -λλές -λλά

λίγος -η -ο
-οι -ες -α

-Πολλή είν' η ζάχαρη;

-Όχι, μπά, λίγη, ελάχιστη.

B.   -Αυτή η σούπα, δέ μού λές, είναι πιό ζεστή από 'κείνην* εκεί;

-Ά, ναί, φυσικά. Εκείνη είναι κρύα, πιό κρύα απ' αυτήν εδωπέρα.

B'.   -Αυτ_ [ ] δέ μού λές, είναι πιό [▨] από 'κειν_ εκεί;

-Ά, ναί, φυσικά. Εκείν_ είναι [▨], πιό [▨] απ' αυτ__ εδωπέρα.

ΔΙΚΕΣ ΣΑΣ ΑΛΛΑΓΕΣ ΣΤΟ Β'. (ΜΙΑ ΕΠΑΝΑΛΗΨΙ ΤΗΣ ΣΕΛ. 125 ΔΕΝ ΒΛΑΠΤΕΙ!).
ΧΡΗΣΙΜΟΠΟΙΗΣΤΕ ΤΑ ΠΑΡΑΠΑΝΩ Η ΚΙ ΑΛΛΑ ΕΠΙΘΕΤΑ (ADJECTIVES) ΚΑΙ ΟΥΣΙΑΣΤΙΚΑ
(NOUNS) ΠΟΥ ΞΕΡΕΤΕ (ΓΡΑΨΤΕ/ΦΕΡΤΕ ΛΙΣΤΕΣ). ΦΤΙΑΣΤΕ ΚΑΡΤΑ ΜΕ Β-Β'.

* Prepositional case singular (ε)κείνην, Masc. εκείνον, Neut. εκείνο.

A. 1.

	αστείος -α̲ -ο̲	σοβαρός -ή̲ -ό̲	-Τό έργο ήταν αστείο;
	-οι̲ -ες̲ -α̲	-οι̲ -ές̲ -ά̲	-Όχι, σοβαρό ήτανε.

2.

	ήρεμος -η̲ -ο̲	νευρικός -ή̲ -ό̲	-Ο παππούς* ήταν ήρεμος;
	-οι̲ -ες̲ -α̲	-οι̲ -ές̲ -ά̲	-Όχι, νευρικός ήτανε.

3.

	εύκολος -η̲ -ο̲	δύσκολος -η̲ -ο̲	-Η άσκηση ήταν εύκολη;
	-οι̲ -ες̲ -α̲	-οι̲ -ες̲ -α̲	-Όχι, δύσκολη ήτανε.

4.

	άδειος -α̲ -ο̲	γεμάτος -η̲ -ο̲	-Τό μπουκάλι ήταν άδειο;
	-οι̲ -ες̲ -α̲	-οι̲ -ες̲ -α̲	-Όχι, γεμάτο ήτανε.

5.

	άρρωστος -η̲ -ο̲	καλά	-Η γιαγιά* ήταν άρρωστη;
	-οι̲ -ες̲ -α̲		-Όχι, καλά ήτανε.

B.   ΔΟΥΛΕΨΤΕ ΜΕ ΤΑ ΠΑΡΑΠΑΝΩ Η ΚΙ ΑΛΛΑ ΕΠΙΘΕΤΑ (ADJECTIVES) ΚΑΙ ΟΥΣΙΑΣΤΙΚΑ

(NOUNS) ΠΟΥ ΜΑΖΕΨΑΤΕ ΣΕ ΛΙΣΤΕΣ. RANDOM BUT LOGICAL CHOICES - ONE ITEM

PER COLUMN, (π.χ. Έχω μιά νευρική γυναίκα):

(Εγώ)	Έχω	έναν		
	Αγόρασα	μιά		
	Είδα	ένα		
	Ήθελα	μερικούς	ADJ.	NOUN
	Συνάντησα	μερικές		
	Χρειάζομαι	μερικά		
	Βρήκα	κάτι		

ΚΑΤΟΠΙΝ ΑΛΛΑΓΕΣ ΣΤΟ (Ποιός;) = (Εγώ)━▶(Εσύ)... κ.τ.λ.
ΤΕΛΟΣ, ΣΚΕΦΤΕΙΤΕ ΤΡΙΑ ΑΚΟΜΑ ΡΗΜΑΤΑ (ANY TENSE) ΠΟΥ ΤΑΙΡΙΑΖΟΥΝ
(ΨΑΞΤΕ ΣΤΙΣ ΣΕΛ. 183 - 5).

* ο παππούς / οι παππούδες -ΟΠΩΣ ΚΑΙ: η γιαγιά / οι γιαγιάδες

Α. ΕΝΑ ΧΟΜΠΙ.

—Αλήθεια, τί ζώδιο είσαι;
—Μή μού πείς πώς πιστεύεις
σέ τέτοια, κουτό!
—Έλα, βρέ Μπάμπη, κι εσύ!
Ένα χόμπι είναι, δέν είναι—
—Εντάξει, δέ λέω...
—Έ, καλά τώρα, τέλος πάντων.
Θά μού πείς πότε γεννήθηκες;
—Δέ θυμάμαι.
—Έλα, μωρέ Μπάμπη...
Μέ κροϊδεύεις; Πώς δέν
θυμάσαι; Τά γενέθλιά σου
πότε είναι;
—Ημερομηνία;
—Ναί, πόσες τού μηνός;
—Δεκαοκτώ Αυγούστου.

—Άαα! Τότε είσαι ΛΕΩΝ!
ΕΤΣΙ ΕΞΗΓΟΥΝΤΑΙ ΟΛΑ!!!

Β. ΔΙΑΒΑΖΟΝΤΑΣ ΤΟ ΩΡΟΣΚΟΠΙΟ

ΚΑΡΚΙΝΟΣ
από 21/6 έως 22/7

ΕΡΩΤΑΣ: Μήν ακούτε τί σάς λένε
οι άλλοι. Τό ενστικτό σας
είναι σωστό.
ΟΙΚΟΝΟΜΙΚΗ ΚΑΤΑΣΤΑΣΗ:
Τυχερός σας αριθμός τό 6.327.

ΛΕΩΝ
από 23/7 έως 22/8

ΕΡΩΤΑΣ: Όποιος θέλει τά πολλά,
χάνει καί τά λίγα.
ΟΙΚΟΝΟΜΙΚΗ ΚΑΤΑΣΤΑΣΗ:
Σταματήστε τά ανόητα έξοδα.

ΠΑΡΘΕΝΟΣ
από 23/8 έως 22/9

ΕΡΩΤΑΣ: Τό πρόβλημά σας είναι
η πλήξη, όχι τό πρόσωπο.
ΟΙΚΟΝΟΜΙΚΗ ΚΑΤΑΣΤΑΣΗ:
Υπομονή. Έχει καί χειρότερα!

ΑΣΠΡΑ ΔΟΝΤΙΑ, ΚΑΘΑΡΑ: ΜΕ "ΟΔΟΝΤΟΛ".

"ΟΔΟΝΤΟΛ": ΥΓΕΙΑ, ΦΡΕΣΚΑΔΑ, ΟΜΟΡΦΙΑ!

"ΟΔΟΝΤΟΛ": ΣΕ ΟΛΑ ΤΑ ΦΑΡΜΑΚΕΙΑ ΚΑΙ ΠΕΡΙΠΤΕΡΑ.

"ΟΔΟΝΤΟΛ": Η ΠΡΑΓΜΑΤΙΚΗ ΟΔΟΝΤΟΠΑΣΤΑ!!!

Ο ΝΙΚΟΣ / ΤΟ ΣΠΙΤΙ ΤΟΥ ΝΙΚΟΥ

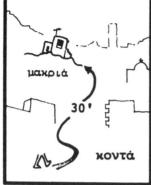

-Εδώ κοντά <u>μένει ο Νίκος</u>;

-Όχι, τό σπίτι <u>τού Νίκου</u>
είναι μακριά, μισή ΩΡΑ
από 'δώ μέ τά πόδια.

ο Νίκος

τό σπίτι

τού Νίκου

ο Νίκος

| S | Subjective Case |

τού Νίκου

| G | Genitive Case |

ΑΛΛΑΓΕΣ:

     Ν

     Κ

     Δ

1. μένει ο Νίκος
    τού Νίκου

2. μένει ο Κώστας
    τού Κώστα

3. μένει ο Δημήτρης
    τού Δημήτρη

     Π

     Σ

4. μένει η Πόπη
    τής Πόπης

5. μένει η Σοφία
    τής Σοφίας

6. μένει τό παιδί
    τού παιδιού

7. μένουν τά παιδιά
    τών παιδιών

8. μένουν τά κορίτσια
    τών κοριτσιών

9. μένουν οι ξένοι
    τών ξένων

Α.   ΜΑ ΕΙΜΑΙ ΣΙΓΟΥΡΟΣ!

-Μά εἶμαι σίγουρος!
Ἡ Ἄννα δέν ἔχει αμάξι.
Μήν επιμένεις τώρα.
-Κι εγώ σοῦ λέω πώς εἶναι
δικό της!
-Τῆς Ἄννας αυτό τό αμάξι;
ΑΠΟΚΛΕΙΕΤΑΙ!
-Βρέ ΑΚΟΥ πού σού λέω εγώ!
-Μά έλα τώρα, παιδάκι μου.
Σαχλαμάρες μιλάμε;
Τήν Ἄννα εγώ τήν ξέρω.
Δέν θά μού πεῖς εσύ
γιά τήν Ἄννα!!

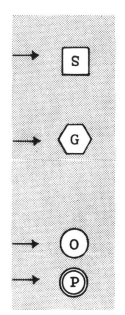

ΑΛΛΑΓΕΣ:

1. Ἡ Ἄννα - ἔχει	2. Ὁ Τάκης - ἔχει	3. Οἱ φοιτητές - ἔχουν
της	του	τους
Τῆς Ἄννας	Τοῦ Τάκη	Τῶν φοιτητῶν
Τήν Ἄννα - τήν	Τόν Τάκη - τόν	Τούς φοιτητές - τούς
τήν Ἄννα	τόν Τάκη	τούς φοιτητές

Β. -Ποιανού εἰν' αυτό τό αμάξι; ⟶ **Β'.** -Ποιανού (-ῆς -ῶν)* εἰν' αυτό τό αμάξι;

Μήπως είναι τῆς Ἄννας;   Μήπως είναι ⬡;

-Μμ...Δέν ξέρω νά σού πώ   -Μμ...Δέν ξέρω νά σού πώ

γιά τήν Ἄννα...   γιά ◯ . . .

άν ἔχει αμάξι η Ἄννα.   άν ἔχει αμάξι ▢ .

Ἀλλά δέν εἶμαι σίγουρος. Ἴσως!   Ἀλλά δέν εἶμαι σίγουρος. Ἴσως!

ΔΙΚΕΣ ΣΑΣ ΑΛΛΑΓΕΣ ΣΤΟ Β'. ΦΕΡΤΕ ΛΙΣΤΑ / ΦΤΙΑΞΤΕ ΚΑΡΤΑ ΜΕ Β-Β'.
(Ποιανού;) = τῆς Ἄννας⟶τοῦ Νίκου, τῶν παιδιῶν,...κ.τ.λ.
(Τί;)   = τό αμάξι····▶η γάτα, ο σκύλος, οι σκύλοι...κ.τ.λ.

---

* When the gender of the possessor is unknown or obviously masculine or neuter,
we use "Ποιανού;". If, however, it is obviously feminine, as in the case of a
bikini, we use "Ποιανής;". The plural for all genders is "Ποιανῶν;".

A. ΠΟΤΕ ΠΑΙΡΝΕΙΣ ΑΔΕΙΑ;

-Πότε παίρνεις άδεια, Βασιλάκη;
-Τό καλοκαίρι.
-Τί μήνα;
-Τόν Ιούλιο συνήθως.
-Πόσες τοῦ μηνός;
-Νά σᾶς πῶ...ἐξαρτάται.
 Φέτος θά τήν πάρω
 στίς εἴκοσι πέντε Ἰουλίου (25/7).
-Δεκαπέντε μέρες ἄδεια θά πάρεις;
-Ναί, ἀπό τίς εἴκοσι πέντε Ἰουλίου
 μέχρι* τίς δέκα Αὐγούστου (10/8).

25/7 - 10/8

ΑΛΛΑΓΕΣ:

1.	2.	3.	4.
25/7-10/8	23/9-6/10	21/1-5/2	18/3-1/4
Τό καλοκαίρι	Τό φθινόπωρο	Τόν χειμώνα	Τήν άνοιξη
Τόν Ἰούλιο	Τόν Σεπτέμβριο	Τόν Ἰανουάριο	Τόν Μάρτιο
στίς 25	στίς 23	στίς 21	στίς 18
Ἰουλίου	Σεπτεμβρίου	Ἰανουαρίου	Μαρτίου
ἀπό τίς 25	ἀπό τίς 23	ἀπό τίς 21	ἀπό τίς 18
Ἰουλίου	Σεπτεμβρίου	Ἰανουαρίου	Μαρτίου
μέχρι τίς 10	μέχρι τίς 6	μέχρι τίς 5	μέχρι τήν πρώτη
Αὐγούστου	Ὀκτωβρίου	Φεβρουαρίου	Ἀπριλίου

B.
    (Ἐγώ) γεννήθηκα
           παντρεύτηκα
           χώρισα
           ἄρχισα**
           τελείωσα
           ἔφυγα ἀπό τ__
           ἦρθα στ__

(ΗΜΕΡΟΜΗΝΙΑ)   (ΕΤΟΣ)

στίς _____   _____

ΔΙΚΕΣ ΣΑΣ ΑΛΛΑΓΕΣ ΣΤΟ (Ποιός;)=(Ἐγώ)→(Αὐτή)... κ.τ.λ.

---

* μέχρι = ὡς = ἕως
** ΔΩΣΤΕ ΔΙΚΕΣ ΣΑΣ ΠΛΗΡΟΦΟΡΙΕΣ (π.χ. ἄρχισα τό Πανεπιστήμιο).

A. ΝΑ ΜΙΛΗΣΟΥΜΕ ΛΙΓΑΚΙ... (PAIR-INTERVIEWS, see p. 18)

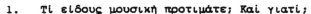

➤ ΓΙΑ ΤΗΝ ΜΟΥΣΙΚΗ;

1. Τί είδους μουσική προτιμάτε; Καί γιατί;

2.
Ποιός		ὁ αγαπημένος		συνθέτης/τραγουδιστής/δίσκος;
Ποιά	είναι	ἡ αγαπημένη	σας	συνθέτρια/τραγουδίστρια;
Ποιό		τό αγαπημένο		τραγούδι/κομμάτι/συγκρότημα;

➤ ΓΙΑ ΤΟ ΣΙΝΕΜΑ;

1. Τί είδους έργα* πρότιμάτε; Καί γιατί;
   (Αστυνομικά, κωμωδίες, τρόμου, κοινωνικά,
   αισθηματικά, άλλα).

2.
Ο_____		ενδιαφέρων	σκηνοθέτης/ηθοποιός
Η_____	είναι	ενδιαφέρουσα	σκηνοθέτρια/ηθοποιός/ταινία
Τό_____		ενδιαφέρον	έργο

➤ ΓΙΑ ΤΗΝ ΠΟΛΙΤΙΚΗ;

1. Ποιό κόμμα είναι τώρα στήν κυβέρνηση
   τής Ελλάδας ή τής χώρας σας;
2. Ποιά κόμματα είναι στήν αντιπολίτευση;
3. Ποιό είναι ένα σοβαρό πρόβλημα (πολιτικό,
   κοινωνικό, οικονομικό, θρησκευτικό ή
   εκπαιδευτικό) στήν Ελλάδα ή στήν χώρα σας;
   Τί έκανε / κάνει / θά μπορούσε νά κάνει
   η κυβέρνηση;
4. Ποιά είναι η γνώμη σας γιά τίς επόμενες
   εκλογές;

B. Η ΠΡΟΣΩΠΙΚΟΤΗΤΑ
One student pretends to be a famous personality (μιά προσωπικότητα),
real or fictional. The rest of the class will be the reporters
(δημοσιογράφοι) pushing through the crowd to get an interview
with him/her at the airport...

Γ. ΜΑΝΤΕΨΤΕ! ("Τί δουλειά κάνω;")
One student assumes a profession that the others
must discover by asking only NAI/OXI questions.

---

* έργα = τανίες

PRESENT	SIMPLE FUTURE " SUBJUNCTIVE θά/νά	SIMPLE PAST	COMMANDS (SIMPLE IMPERATIVE)
κοιτάω (-ῶ) [*1]	κοιτάξω	κοίταξα	κοίταξε - κοιτάξτε
λέω	πῶ	εἶπα	πές - πέστε
μαγειρεύω	μαγειρέψω	μαγείρεψα	μαγείρεψε - μαγειρέψτε
μαθαίνω	μάθω	ἔμαθα	μάθε - μάθετε
μένω	μείνω	ἔμεινα	μείνε - μείνετε
μεταφράζω	μεταφράσω	μετάφρασα	μετάφρασε - μεταφράστε
μιλάω (-ῶ)	μιλήσω	μίλησα	μίλησε - μιλήστε
μπαίνω	μπῶ	μπῆκα	μπές - μπέστε
μπορῶ	μπορέσω	μπόρεσα	νά μπορέσεις - νά μπορέσετε
ντύνομαι	ντυθῶ	ντύθηκα	ντύσου - ντυθεῖτε
ὁδηγῶ	ὁδηγήσω	ὁδήγησα	ὁδήγησε - ὁδηγήστε
ξαπλώνω	ξαπλώσω	ξάπλωσα	ξάπλωσε - ξαπλώστε
ξέρω	ξέρω	ἤξερα	νά ξέρεις - νά ξέρετε
ξεχνάω (-ῶ)	ξεχάσω	ξέχασα	ξέχασε - ξεχάστε
ξοδεύω	ξοδέψω	ξόδεψα	ξόδεψε - ξοδέψτε
παίζω	παίξω	ἔπαιξα	παίξε - παίξτε
παίρνω	πάρω	πῆρα	πάρε - πάρτε
πηγαίνω [*2]	πάω	πῆγα	πήγαινε - πηγαίνετε
πεινάω (-ῶ)	πεινάσω	πείνασα	πείνασε - πεινάστε
περιμένω	περιμένω	περίμενα	περίμενε - περιμένετε
περνάω (-ῶ)	περάσω	πέρασα	πέρασε - περάστε
περπατάω (-ῶ)	περπατήσω	περπάτησα	περπάτησε - περπατήστε
πίνω	πιῶ	ἤπια	πιές - πιέστε
πλένομαι	πλυθῶ	πλύθηκα	πλύσου - πλυθεῖτε
πλένω	πλύνω	ἔπλυνα	πλύνε - πλύντε
πληρώνω	πληρώσω	πλήρωσα	πλήρωσε - πληρώστε
προσπαθῶ	προσπαθήσω	προσπάθησα	προσπάθησε - προσπαθήστε
προτιμάω (-ῶ)	προτιμήσω	προτίμησα	προτίμησε - προτιμήστε
ρωτάω (-ῶ)	ρωτήσω	ρώτησα	ρώτησε - ρωτήστε
σηκώνομαι	σηκωθῶ	σηκώθηκα	σήκω - σηκωθεῖτε
σταματάω (-ῶ)	σταματήσω	σταμάτησα	σταμάτησε - σταματήστε

*1 - also κοιτάζω / *2 - also πάω

PRESENT	SIMPLE FUTURE " SUBJUNCTIVE θά/νά	SIMPLE PAST	COMMANDS (SIMPLE IMPERATIVE)
στέλνω	στείλω	έστειλα	στείλε - στείλτε
τελειώνω	τελειώσω	τελείωσα	τελείωσε - τελειώστε
τηλεφωνώ	τηλεφωνήσω	τηλεφώνησα	τηλεφώνησε - τηλεφωνήστε
τρώω	φάω	έφαγα	φάε - φάτε
φέρνω	φέρω	έφερα	φέρε - φέρτε
φεύγω	φύγω	έφυγα	φύγε - φύγετε
φιλοξενώ	φιλοξενήσω	φιλοξένησα	φιλοξένησε - φιλοξενήστε
φορ<u>άω</u> (-ώ)	φορέσω	φόρεσα	φόρεσε - φορέστε
φτάνω	φτάσω	έφτασα	φτάσε - φτάστε
φτιάχνω	φτιάξω	έφτιαξα	φτιάξε - φτιάξτε
χρησιμοποιώ	χρησιμοποιήσω	χρησιμοποίησα	χρησιμοποίησε - χρησιμοποιήστε
ψάχνω	ψάξω	έψαξα	ψάξε - ψάξτε
ψωνίζω	ψωνίσω	ψώνισα	ψώνισε - ψωνίστε

ALTERNATIVE VERB ENDINGS

For: A (π.χ. μένω) μένουν→μένουνε.

B (π.χ. μιλάω) μιλάω→μιλώ, μιλάει→μιλά (weaker type),

μιλάμε→μιλούμε, μιλάνε→μιλούν(ε).

Βχ (π.χ. ακούω) ακούν→ακούνε.

Γ (π.χ. μπορώ) μπορούν→μπορούνε.

Δ1 (π.χ.έρχομαι) έρχεστε→ερχόσαστε.

Δ2 (π.χ. κοιμάμαι) κοιμάμαι→κοιμούμαι, κοιμάστε→κοιμόσαστε,

κοιμούνται→κοιμώνται.

E (π.χ. ψώνισα) ψώνισαν → ψωνίσανε

(π.χ. έκανα) έκαναν→κάναν(ε).

(π.χ. πήγα) πήγαν→πήγανε.

ADJECTIVES (ΕΠΙΘΕΤΑ): SOME PRINCIPAL ENDINGS	ADVERBS (ΕΠΙΡΡΗΜΑΤΑ) FROM ADJECTIVES
όμορφ<u>ος</u> - <u>η</u> - <u>ο</u> ⟶	όμορφ<u>α</u>
ωραί<u>ος</u> - <u>α</u> - <u>ο</u> ⟶	ωραί<u>α</u>
ξανθ<u>ός</u> - <u>ιά</u> - <u>ό</u>	

NOUNS (ΟΥΣΙΑΣΤΙΚΑ): SOME PRINCIPAL CATEGORIES

SINGULAR*1				PLURAL			
Subjective	Objective Prepositional	Genitive	Vocative	Subjective	Objective Prepositional	Genitive	Vocative
ο ———	τόν ———	τού ———————		οι ———	τούς ———	τών ———	
γιός	γιό	γιού	γιέ	γιοί	γιούς	γιών	γιοί
θείος	θείο	θείου	θείο (θείε)	θείοι	θείους	θείων	θείοι
ξάδελφος	ξάδελφο	ξαδέλφου	ξάδελφε	ξάδελφοι	ξαδέλφους	ξαδέλφων	ξάδελφοι
μαθητής	μαθητή	μαθητή	μαθητή	μαθητές	μαθητές	μαθητών	μαθητές
εργάτης	εργάτη	εργάτη	εργάτη	εργάτες	εργάτες	εργατών	εργάτες
μανάβης	μανάβη	μανάβη	μανάβη	μανάβηδες	μανάβηδες	μανάβηδων	μανάβηδες
χαλβάς	χαλβά	χαλβά		χαλβάδες	χαλβάδες	χαλβάδων	
πατέρας	πατέρα	πατέρα	πατέρα	πατέρες	πατέρες	πατέρων	πατέρες
μάγειρας	μάγειρα	μάγειρα	μάγειρα	μάγειρες	μάγειρες	μαγείρων	μάγειρες
παππούς	παππού	παππού	παππού	παππούδες	παππούδες	παππούδων	παππούδες
καφές	καφέ	καφέ		καφέδες	καφέδες	καφέδων	
η ———	τήν ———	τής ———————		οι ———	τίς ———	τών ———	
αδελφή	αδελφή	αδελφής	αδελφή	αδελφές	αδελφές	αδελφών	αδελφές
ζώνη	ζώνη	ζώνης		ζώνες	ζώνες	ζωνών	
πόλη	πόλη	πόλης		πόλεις	πόλεις	πόλεων	
κυβέρνηση	κυβέρνηση	κυβέρνησης		κυβερνήσεις	κυβερνήσεις	κυβερνήσεων	
μαμά	μαμά	μαμάς	μαμά	μαμάδες	μαμάδες	μαμάδων	μαμάδες
μητέρα	μητέρα	μητέρας	μητέρα	μητέρες	μητέρες	μητέρων	μητέρες
φοιτήτρια	φοιτήτρια	φοιτήτριας	φοιτήτρια	φοιτήτριες	φοιτήτριες	φοιτητριών	φοιτήτριες
τό ———	τό ———	τού ———————		τά ———	τά ———	τών ———	
παγωτό	παγωτό	παγωτού		παγωτά	παγωτά	παγωτών	
τετράδιο	τετράδιο	τετραδίου		τετράδια	τετράδια	τετραδίων	
πρόσωπο	πρόσωπο	προσώπου		πρόσωπα	πρόσωπα	προσώπων	
παιδί	παιδί	παιδιού	παιδί	παιδιά	παιδιά	παιδιών	παιδιά
ντουλάπι	ντουλάπι	ντουλαπιού		ντουλάπια	ντουλάπια	ντουλαπιών	
γράμμα	γράμμα	γράμματος		γράμματα	γράμματα	γραμμάτων	
φόρεμα	φόρεμα	φορέματος		φορέματα	φορέματα	φορεμάτων	
στήθος	στήθος	στήθους		στήθη	στήθη	στηθών	

*1 - GREEK TERMS: SINGULAR = ΕΝΙΚΟΣ, PLURAL = ΠΛΗΘΥΝΤΙΚΟΣ, Subjective = Ονομαστική,
   Objective/Prepositional = Αιτιατική, Genitive = Γενική, MASCULINE = ΑΡΣΕΝΙΚΑ,
   FEMININE = ΘΗΛΥΚΑ, NEUTER = ΟΥΔΕΤΕΡΑ.

GRAMMAR APPENDIX

I. VERBS

1. TENSE AND SUBJUNCTIVE

Compare the Greek sentences (a) μιλάω Ελληνικά μέ τήν Ελένη (=I speak Greek with Helen) and (b) Δέν θέλω νά μιλάω Ελληνικά μέ τόν Πόλ (=I don't want to be speaking Greek with Paul). In sentence (a), μιλάω is the verb of the sentence. In sentence (b), θέλω is the main verb of the sentence and νά μιλάω is not really a verb, but an object of the verb θέλω. The term used for verb phrases like νά μιλάω is "subjunctive". It refers to verb phrases which act not as verbs of the sentence but as objects or subjects or sometimes as adverbial phrases of the sentence. E.g.,

1. Δέν θέλω νά μιλάω Ελληνικά μέ τόν Πόλ (=I don't want to be speaking Greek with Paul)-(subjunctive as object)
2. Απαγορεύεται νά μιλάτε στό σινεμά (=It is forbidden to speak in the movie theater)-(subjunctive as subject)
3. Κάνω ό,τι μπορώ νά μιλάω πιό καθαρά (=I do what I can to speak more clearly)-(subjunctive as adverbial=in order to)

Note that the subjunctive does not change when the tense of the main verb changes, e.g., the past of sentence (a) would be Δέν ήθελα νά μιλάω Ελληνικά μέ τόν Πόλ. In this respect the Greek subjunctive resembles the English infinitive. Note, however, that unlike the latter, the Greek subjunctive is conjugated for person-endings. E.g., θέλω νά μιλάω, θέλεις νά μιλάς, θέλει νά μιλάει, etc.

Θέλω is not the only verb that introduces the subjunctive. Other such verbs include μπορώ and προτιμάω. There are also impersonal verbs which introduce subjunctives, such as μπορεί, πρέπει, είναι ανάγκη. In this case the impersonal verb is not conjugated, but the subjunctive is. E.g., πρέπει νά μιλάω, πρέπει νά μιλάς, πρέπει νά μιλάει, etc.

2. BASIC FORMS OF THE GREEK VERB (e.g., αγοράζω)

The three basic forms of the verb "to buy" are: (a) αγοράζω, (b) αγοράσω, (c) αγόρασα.

From these forms we can get tenses and subjunctives.

TENSES

The 1st Form, used by itself, gives us the present tense (=I
buy OR I am buying) but if preceded by θὰ, gives us the
continuous future (θὰ αγοράζω = I will be buying)

The 2nd Form, if preceded by θὰ, gives us the simple future
(θὰ αγοράζω =I will buy).

The 3rd Form, used by itself, gives us the simple past
(αγόρασα = I bought).

SUBJUNCTIVES

The 1st Form, if preceded by νὰ, gives us the continuous
subjunctive (θέλω νὰ αγοράζω = I want to keep on buying).

The 2nd Form, if preceded by να, gives us the simple
subjunctive (θέλω νὰ αγοράσω = I want to buy).

The difference between the terms "continuous" and "simple",
whether they refer to the futures or the subjunctives, lies
in the following distinction: do we see the action as
ongoing/habitual (i.e., "continuous"), or do we see it simply
as an event, not ongoing, and not habitual (i.e., "simple")?

Note that the 3rd Form, the simple past (I bought), will be
further distinguished from another first voice, the
"continuous" past (I was buying, or I used to buy) to appear
on p. 191 of this Appendix. For now, let us summarize the
functions of the 1st and 2nd Form.

1st Form = present tense
θὰ + 1st Form = continuous future
νὰ + 1st Form = continuous subjunctive
θὰ + 2nd Form = simple future
νὰ + 2nd Form = simple subjunctive

An important difference between the 1st Form and the 2nd Form
is that the 2nd Form shows us an action as a complete event,
not an an ongoing activity. For this reason, the 2nd Form
will appear in instances where θὰ and να may not be present,
but a feeling of completion needs to be conveyed. E.g., Κὰθε
βρὰδυ, αφοὺ πρῶτα φάω, μετὰ πηγαίνω στὸ καφενείο = Every evening, after I
first eat (or after I finish eating first), then I go to the
coffeeshop.

Also note that "νὰ + verb" phrases are not always preceded by
a main verb (e.g., θέλω, πρέπει, etc.); sometimes they show up by
themselves as in the "in order" example: Κὰνω ὸ,τι μπορῶ νὰ μιλάω
πιὸ καθαρὰ (=I do what I can to speak more clearly).

Finally, consider the use of να in the following examples:
(a) Question words with να+ verb.

 Τί νά κάνω; Πώς νά πάω; Πού νά φάω; (=What to do? How to go? Where to eat?)

Here the implied "main verb" is μπορώ.

(b) Νά μιλήσουμε λιγάκι; (=Should we talk a bit?)
Here the implied "main verb" is θέλεις.

(c) Νά δουλέψεις! (=You should work!)
Here the implied "main verb" is πρέπει.

3. FIRST FORMS OF VERBS ENDING IN: -ούμαι, -ιέμαι, -ώμαι

The 1st Form of verbs ending in -μαι is not always -ομαι, Δ1, e.g., έρχομαι or Δ2, e.g., κοιμάμαι . We also have the following alternative endings:

(to narrate)	(to get fed up)	(to depend)
Δ3 διηγούμαι	Δ4 βαριέμαι	Δ5 εξαρτώμαι
είσαι	έσαι	άσαι
είται	έται	άται
ούμαστε	όμαστε	όμαστε
είστε	έστε	άστε
ούνται	ούνται	ώνται

Of these endings, -ώμαι (Δ5) is rather rare. Note also that -άμαι (Δ2) is a small category with very few but very useful verbs: κοιμάμαι (sleep), θυμάμαι (remember), φοβάμαι (fear), λυπάμαι (feel sorry). The 2nd Form and the simple past of these verbs introduces nothing new in terms of endings.

4. FIRST AND SECOND VOICE IN GREEK VERBS

The basic characteristic of the first voice is the ending -ω in the first form of the verb. E.g., θέλω (I want), αγοράζω (I buy). The meaning of the first voice is either "state", e.g., θέλω or "active", e.g., αγοράζω.

The basic characteristic of the second voice is the ending -μαι in the 1st Form of the verb. E.g., κοιμάμαι (I sleep, state), έρχομαι (I come, active), πλένομαι (I wash myself, reflexive), πληρώνομαι (I get paid, passive), and συναντιέμαι (I meet with, which can have the reciprocal meaning, e.g., =we meet each other).

Greek verbs sometimes appear in voice-dyads, e.g., πληρώνω (pay), πληρώνομαι (be paid), χρησιμοποιώ (use), χρησιμοποιούμαι (be

190

used), but very often Greek verbs have only one voice, e.g., ἔρχομαι (without *ἔρχω), θέλω (without * θέλομαι).

5. THE PERFECT TENSES

(a) PRESENT PERFECT, (b) PAST PERFECT, (c) FUTURE PERFECT

(a) The PRESENT PERFECT means "I have done" and is formed by conjugating the verb ἔχω plus adding the third person singular of the 2nd Form of the verb. For example, given the verb "speak" (1st Form: μιλάω, 2nd Form: μιλήσω), the sentence "I have spoken" would be ἔχω μιλήσει. This is how the present perfect looks like for all six persons:

ἔχω μιλήσει
ἔχεις μιλήσει
ἔχει μιλήσει

ἔχουμε μιλήσει
ἔχετε μιλήσει
ἔχουν μιλήσει

(b) Similarly, "I had spoken", the past perfect is

εἶχα μιλήσει
εἶχες μιλήσει
εἶχε μιλήσει

εἴχαμε μιλήσει
εἴχατε μιλήσει
εἶχαν μιλήσει

(c) Finally, "I will have spoken", the future perfect , is

θὰ ἔχω μιλήσει
θὰ ἔχεις μιλήσει
θὰ ἔχει μιλήσει

θὰ ἔχουμε μιλήσει
θὰ ἔχετε μιλήσει
θὰ ἔχουν μιλήσει

Note that the verbs ἔχω, ξέρω and εἶμαι do not form perfect tenses. Thus, "I have had" can be rendered by other tenses, e.g., I have had the same problem before (=Εἶχα τὸ ἴδιο πρόβλημα καὶ μιὰ ἄλλη φορά); I have had it since 1950 (=Τὸ ἔχω ἀπὸ τὸ 1950). Similarly: I have known it all along (=Τὸ ἤξερα ἀπὸ τὴν αρχή), I have known it since 1950 (=Τὸ ξέρω / ἤξερα ἀπὸ τὸ 1950), I have been a teacher since 1950 (=Εἶμαι δάσκαλος ἀπὸ τὸ 1950), but: I have been to Paris (=Ἔχω πάει στὸ Παρίσι), where πάει comes from the verb "to go", not from the verb "to be".

6. THE GREEK IMPERFECT

Used by itself, this verb form can mean (a) I was doing, or
(b) I used to do. If preceded by θα it can mean (c) I was
going to do, or (d) I would do - in the polite or
hypothetical sense. Note that the use (a) is what we call
PAST CONTINUOUS in English. But since this Greek form also
covers uses (b), (c) and (d), we will refer to it by the more
general term IMPERFECT. Let's find out how we can create the
IMPERFECT if we know the 1st Form of the verb.

1st Form   /   imperfect

αγοράζω	αγόραζα
παίζω	έπαιζα
ακούω	άκουγα
μιλάω	μιλούσα
μπορώ	μπορούσα
έρχομαι	ερχόμουν
κοιμάμαι	κοιμόμουν

For verbs like αγοράζω (A endings), we use the stem αγοραζ-,
then we add the E endings, i.e., the endings of the simple
past. Note that the accent falls on the third syllable from
the end. The verb παίζω follows the same rules except that it
starts with an extra ε- in the singular, exactly as in the
simple past. The verb ακούω (BX endings) follows the same
rules but it also gets an extra γ just before the ending.
Similarly, the related verbs λέω and τρώω also take this γ
plus an extra ε- in order to have an accent on the third
syllable from the end. Thus, λέω gives us έλεγα and τρώω gives
us έτρωγα.

For verbs like μιλάω (B endings) we use the stem μιλ-, then add
the accented syllable ούσ- plus the E endings, i.e., the
endings of the simple past. Obviously, the rule of having the
accent on the third syllable from the end does not hold true
in this case. Verbs like μπορώ (Γ endings) follow exactly the
same formation as μιλάω.

For verbs like έρχομαι (Δ1 endings) or κοιμάμαι (Δ2 endings), we
use the stems ερχ- or κοιμ- and then add a set of totally new
endings, which we have called "Z endings".

-όμουν (α)
-όσουν (α)
-όταν (ε)

-όμασταν (-όμαστε)
-όσασταν (-όσαστε)
-ονταν   (-όντουσαν)

The full conjugation of the imperfects created above are as follows:

αγόραζα	ἐπαιζα	ἀκουγα	μιλούσα	μπορούσα
αγόραζες	ἐπαιζες	ἀκουγες	μιλούσες	μπορούσες
αγόραζε	ἐπαιζε	ἀκουγε	μιλούσε	μπορούσε
αγοράζαμε	παίζαμε	ακούγαμε	μιλούσαμε	μπορούσαμε
αγοράζατε	παίζατε	ακούγατε	μιλούσατε	μπορούσατε
αγόραζαν	ἐπαιζαν	ἀκουγαν	μιλούσαν	μπορούσαν

ερχόμουν	κοιμόμουν
ερχόσουν	κοιμόσουν
ερχόταν	κοιμόταν
ερχόμασταν	κοιμόμασταν
ερχόσασταν	κοιμόσασταν
ἐρχόνταν	κοιμόνταν

Note that some verbs do not distinguish between simple past and imperfect. E.g., ἤμουνα, εἶχα. The imperfect of θέλω is ἤθελα where the η- functions like the ε- of ἐπαιζα. The same is true of ἤξερα. The imperfect of κάνω is ἐκανα or ἐκαμνα.

USES OF THE IMPERFECT:

(a) I WAS DOING

Τήν ὥρα πού εγώ κοιμόμουν, αυτός μιλούσε στό τηλέφωνο. (TWO IMPERFECTS) (=At the time I was sleeping, he was talking on the phone)

Τήν ὥρα πού ερχόμασταν, εἰδαμε τόν Κώστα. (ONE IMPERFECT, ONE SIMPLE PAST) (=At the time that we were coming, we saw Kostas)

(b) I USED TO DO

Ὅταν ζούσα στίς Ηνωμένες Πολιτείες, μιλούσα Αγγλικά. (=When I lived in the United States, I used to speak English)

Ὅταν ἤσασταν παιδιά, παίζατε μπάλα κάθε μέρα; (=When you were children, did you use to play ball every day?)

(c) ΘΑ + IMPERFECT = I WOULD DO

(c1) POLITENESS STRUCTURES WITH THE VERBS ΘΕΛΩ AND ΜΠΟΡΩ

Θά ἤθελα ἐνα εισιτήριο, σάς παρακαλώ. (=I would like a ticket, please)
In the case of μπορω, the result is the polite "could", e.g.,
Θά μπορούσατε νά μού δώσετε ἐνα εισιτήριο, σάς παρακαλώ; (=Could you give me a ticket, please?)

(c2) HYPOTHESIS WITH ANY VERB

Ξέρω ὅτι ὁ Νίκος κλέβει στὰ χαρτιά. Γι αὐτὸ ποτὲ δέν θὰ ἔπαιζα χαρτιά μαζί του. (=I know that Nick cheats in card games. For this reason I would never play cards with him.)

(d) "IF/THEN" CLAUSES

In Greek there is an abundance of "If/then" clauses where we get "ἂν IMPERFECT of VERB 1, θὰ IMPERFECT of VERB 2", E.g., ἂν μπορούσα, θὰ ἀγόραζα Μερσεντές, which can mean either "If I could, I would buy a Mercedes" or "If I had been able, I would have bought a Mercedes." The context will decide which of the two meanings should be preferred at different times.

7. MORE ON "IF/THEN" CLAUSES

When we talk abstractly, without specific time reference, we can employ two imperfects, e.g., If I ever found money on the street, I would give it to the police. (=Ἂν ἔβρισκα ποτὲ λεφτὰ στὸν δρόμο, θὰ τὰ ἔδινα στὴν αστυνομία).

When we talk about things that never really happened in the past, we can use two imperfects or two past perfects or combinations of one imperfect and one past perfect; e.g., for the sentence, "If yesterday I had found money on the street, I would have given it to the police," the Greek version would be:

Ἂν εχθές ἔβρισκα λεφτὰ στὸν δρόμο, θὰ τὰ ἔδινα στὴν αστυνομία   OR
Ἂν εχθές εἶχα βρεῖ λεφτὰ στὸν δρόμο, θὰ τὰ εἶχα δώσει στὴν αστυνομία   OR
Ἂν εχθές ἔβρισκα λεφτὰ στὸν δρόμο, θὰ τὰ εἶχα δώσει στὴν αστυνομία   OR
Ἂν εχθές εἶχα βρεῖ λεφτὰ στὸν δρόμο, θὰ τὰ ἔδινα στὴν αστυνομία.

In cases where the first part was in the past but the second part is in the present, the second sentence must utilize the imperfect. E.g., If I had finished the university when I was younger, I would now be working for more money (=Ἂν τελείωνα / εἶχα τελειώσει τὸ πανεπιστήμιο ὅταν ἤμουν νεώτερος, τώρα θὰ δούλευα γιὰ περισσότερα χρήματα).

When the "If/then" clause refers to the future, we often get "αν + 2nd form, θα + 2nd form". Thus: If I find money in the street, I'll give it to the police (= Ἂν βρῶ λεφτὰ στὸν δρόμο, θὰ τὰ δώσω στὴν αστυνομία).

8. COMMANDS

In Greek we have SIMPLE COMMANDS, (i.e., Do something!) and
ONGOING COMMANDS (Keep on doing! or Do continuously!).

SIMPLE COMMANDS

SIMPLE COMMANDS are created from the 2nd form of the verb.
E.g., if we use the verb "to buy" (αγοράζω – αγοράσω) where the
2nd Form is αγοράσω, we create (a) αγόρασε singular, αγοράστε
plural/formal. From the verb "to write" (γράφω – γράψω) where
the 2nd form is γράψω, we create (b) γράψε singular, γράψτε
plural/formal. Notice that in (a) the singular has the accent
on the third syllable from the end and then drops it by one
syllable in the plural. In (b) there is no such change of
accent because there is no third syllable to begin with.

From verbs with 2nd forms that are only one syllable long,
e.g., from the verb "see" (βλέπω – δώ) where the 2nd Form is δώ,
we create (c) δές singular, δέστε plural/formal. For verbs
which have Δ1 or Δ2 endings in the 1st Form, e.g. the verb
"sleep" (κοιμάμαι – κοιμηθώ), we start with the 2nd Form, then
take out the ending as well as the consonant preceding the
-ώ, in this case θ. Now we are left with κοιμη-, to which we
add the new ending -σου, and then place an accent on the
syllable which precedes the final syllable -σου. The result is
κοιμήσου, the singular command. As for the plural command, we
borrow the second person plural of the 2nd Form κοιμηθώ, i.e.
κοιμηθείτε. Thus, for the verb "sleep" we create (d) κοιμήσου
singular, κοιμηθείτε plural/formal.

For some exceptions to the rules above, it is advisible to
look at pages 183-185 of this book.

ONGOING COMMANDS

ONGOING COMMANDS are derived from the 1st Form of the verb.
Compare the two types of commands below:

1st Form	2nd Form	ONGOING COMMANDS	SIMPLE COMMANDS
αγοράζω	αγοράσω	αγόραζε αγοράζετε	αγόρασε αγοράστε
γράφω	γράψω	γράφε γράφετε	γράψε γράψτε
βλέπω	δώ	βλέπε βλέπετε	δές δέστε
κοιμάμαι	κοιμηθώ	νά κοιμάσαι νά κοιμάστε	κοιμήσου κοιμηθείτε

Verbs with -ομαι or -άμαι endings in the 1st Form, e.g., like κοιμάμαι, don't really have an ongoing command. The να of νά κοιμάσαι means "should", and is attached to the regular 1st Form 2nd person singular and plural. The verbs λέω, τρώω, ακούω create ongoing commands λέγε – λέγετε, τρώ(γ)ε – τρώ(γε)τε and ἀκου(γε) – ακού(γε)τε. Verbs like μιλάω or τηλεφωνώ create ongoing commands ending in -α for the singular; as for the plural, we simply use the 2nd person plural of the 1st Form of the verb. Thus, we have:

1st Form	2nd Form	ONGOING COMMANDS	SIMPLE COMMANDS
μιλάω	μιλήσω	μίλα μιλάτε	μίλησε μιλήστε
τηλεφωνώ	τηλεφωνήσω	τηλεφώνα τηλεφωνάτε	τηλεφώνησε τηλεφωνήστε

Sometimes the ongoing commands are used not because we mean "Keep on doing" or "Do continuously", but as a more dramatic alternative to the Simple Command. Thus, τηλεφώνα can take the place of τηλεφώνησε.

Greek commands, whether ongoing or simple, are sometimes followed by personal pronouns. Thus, we have:

(a) αγόρασέ το
αγοράστε το

(b) γράψ' το '
γράψτε το

(c) μίλησέ μου
μιλήστε μου

(d) αγόρασέ το μου
αγοράστε τό μου

(e) γράψ' το μου
γράψτε τό μου

(f) μίλα μου
μιλάτε μου

In comparing (a) and (b), notice that the shorter γράψε will lose its –ε ending, but the longer αγόρασε will not. We also observe secondary accents in the examples above. These appear for the following reason: personal pronouns following commands, whether as "direct objects" or as "indirect objects" or both, are uttered together with the command as one word. This new "word" must follow the accent rule of Greek words in general, which says that no accent will go further back than the third syllable from the end of a word. However, *αγόρασετο would be accented on the fourth syllable from the end, and that is why a secondary accent is needed. The same phenomenon is observed in nouns followed by possessive adjectives, e.g. τό αυτοκίνητό μου.

9. NEGATIVE COMMANDS (DON'T)

These, too, can be ongoing (Don't keep doing it!) or simple
(Don't do it!), although again we sometimes use the ongoing
command in a simple context for dramatic effect. To form
these commands we add μὴν to the 2nd person singular and
plural of the 1st Form (for ongoing commands) or to the 2nd
person singular and plural of the 2nd Form (for simple
commands). E.g.:

ONGOING	SIMPLE
μὴν γράφεις	μὴν γράψεις
μὴν γράφετε	μὴν γράψετε

Since these are not really Commands, the personal pronoun
objects, if used, must go before the verb, e.g., μὴν τὸ γράφεις,
μὴν μοὺ γράψεις, μὴν μοὺ τὸ γράψετε.

10. VERB + οντας   (ώντας)

This non-conjugatable verb form, which means "while doing" or
"because of doing" is a product of the 1st Form of the verb.
Only verbs ending in -ω can create this form. E.g.,

(a) From διαβάζω (I read): Διαβάζοντας περισσότερο, θὰ μάθω Ελληνικὰ
καλύτερα. (=By reading more, I will learn Greek better)

(b) From μιλάω (I talk): Μιλώντας μαζί του, καταλάβαμε ὅτι ἦταν ἔξυπνος.
(=While/because of talking to him, we understood that he was
smart)

(c) From ακούω (I hear): Ακούγοντας Ελληνικὰ ποὺ καταλαβαίνει, θὰ μάθει
πολὺ γρήγορα. (=By hearing Greek that he understands, he will
learn very quickly)

Note the change from -οντας to -ώντας when we work with verbs
like μιλαω .This same -ώντας happens with verbs like μπορῶ,
e.g., Μὴν μπορώντας νὰ τὸ καταλάβω, σταμάτησα νὰ προσπαθῶ. (=Not being
able to understand it, I stopped trying). In (c) we have an
example of verbs like ακουω which take an extra γ to become
ακούγοντας. Similarly, we create λέγοντας from λέω and τρώγοντας
from τρώω.

The subject of the -οντας (or -ώντας) form must always be the
same as the subject of the main verb of the sentence. E.g.,
Οδηγώντας κοντὰ στὴν θάλασσα, τὸν εἶδα νὰ κάνει μπάνιο. Here the main verb
is ειδα, and the translation would be "While I was driving
near the sea, I saw him swimming."

Finally, if the 1st Form of the verb has -μαι endings (-ομαι,
άμαι, etc.), it cannot produce this particular form. Thus,
"While sitting, I remembered you" would be translated as:
Καθὼς καθόμουνα, σὲ θυμήθηκα.

11. ADJECTIVES IN "-μενος"

Verbs of the second voice sometimes create adjectives in -μενος from the 1st Form of the verb, (a) ερχόμενος (=the one who is coming), (b) σκεπτόμενος (=the one who is thinking). These are useful in the sense of "while doing" or " because of doing". E.g., (a) Ερχόμενος σταμάτησα λιγάκι στὸ καφενεῖο. (=While coming, I stopped for a little while at the coffeeshop). (b) Σκεπτόμενοι ἔτσι ἀποφασίσαμε νὰ μὴν πᾶμε. (=Because of thinking this way, we decided not to go).

More common, however, are adjectives in -μένος with an accent. These are also products of verbs and they mean not "who is doing" but rather the one "who has done". E.g. (c) ξαπλώνω – ξαπλωμένος (=the one who has lied down)
(d) κουράζομαι – κουρασμένος (=the one who has gotten tired)
(e) ερωτεύομαι – ερωτευμένος (=the one who has fallen in love)

12. STRONG AND WEAK ΘΑ

The strong θὰ means "will", i.e. future. The weak θὰ means "must" in the sense of logical necessity. The latter is often found with adverbs of certainty, such as σίγουρα, μάλλον or ἴσως. E.g., Σίγουρα θὰ ἔρχεται (=for sure he must be coming). Μάλλον θὰ ἦρθε (=most likely he must have come).

13. MORE ON THE CONTINUOUS SUBJUNCTIVE

The continuous subjunctive, (i.e., νὰ + 1st Form), gives us meanings of (a) habit and (b) ongoing-ness.

(a) HABIT:

Μοὺ ἀρέσει νὰ τρώω ψάρι, ὄχι κοτόπουλο (=I like eating fish, not chicken)

Συνηθίζω νὰ τρώω ψάρι, ὄχι κοτόπουλο (=I am accustomed to eating fish, not chicken)

Προτιμάω νὰ τρώω ψάρι, ὄχι κοτόπουλο (=I prefer to eat fish, not chicken)

(b) ONGOING-NESS: After verbs of perception, e.g.,

Τὸν εἶδα νὰ τρώει (=I saw him eating)

Τὸν ἄκουσα νὰ μιλάει (=I heard him speak)

Τὸν ἔπιασα νὰ κλέβει (=I caught him stealing)

Τὸν θυμᾶμαι νὰ τρέχει (=I remember him running)

Also consider the concepts "begin", "continue" or "stop" doing something, e.g.,

Αρχίζω νὰ παίζω (=I start playing)

Θὰ συνεχίσω νὰ μιλάω (=I will continue speaking)

Σταμάτησα νὰ τρώω (=I stopped eating)

In these three cases, we again employ the continuous subjunctive.

14. OTHER STRUCTURES WITH εχω

(a) ἐχω ποὺ + 1st Form
(b) ἐχω ποὺ + 3rd Form (simple past)
(c) ἐχω νὰ + 2nd Form

(a) means "I have been doing for a while", e.g., Έχω μία ὥρα ποὺ τρώω (=I have been eating for one hour). Both ἐχω and τρώω are conjugated, i.e., Έχεις μία ὥρα ποὺ τρῶς, etc. When placed in the past, this structure changes into: Εἶχα μία ὥρα ποὺ ἐτρωγα (=I had been eating for an hour).

(b) means "it has been a while since I did", e.g., Έχω μία ὥρα ποὺ ἐφαγα (=it has been one hour since I ate). Again, both ἐχω and ἐφαγα are conjugated. When placed in the past, this structure changes into: Εἶχα μία ὥρα ποὺ εἶχα φάει (=it had been one hour since I had eaten).

(c) means "I haven't done for a while", e.g., Έχω νὰ φάω τέτοιο ψωμὶ πολλὰ χρόνια (=I haven't eaten such bread for many years). And here again, both ἐχω and φάω are conjugated. When placed in the past, this structure changes into: Εἶχα νὰ φάω τέτοιο ψωμὶ πολλὰ χρόνια (=I hadn't eaten such bread for many years).

II. ADJECTIVES/PRONOUNS

1. DEMONSTRATIVE ADJECTIVE/PRONOUN

Singular: αυτός – ἡ – ὁ   Plural: αυτοί – ἐς – ἀ

Sometimes these function as personal pronouns, i.e., he, she, it, they. At other times, however, they are (a) demonstrative pronouns or (b) demonstrative adjectives, e.g.,

(a) Τί εἶναι αυτὸ; (=what is this?)
(b) Τί εἶναι αυτὸ τὸ βιβλίο; (=what is this book?)

In (b) notice the unexpected position of the article. Similarly, "this gentleman" would be αυτός ο κύριος and "this lady" would be αυτή η κυρία.

2. POSSESSIVE ADJECTIVE AND POSSESSIVE PRONOUN

The possessive adjective (my, your, etc.) is μου, σου, του, της, του in the singular and μας, σας, τους in the plural. The possessive pronoun (mine, yours, etc.) is a combination of the adjective δικός-ή-ό and the possessive adjective (μου, σου, etc.). The adjective δικος cannot stand by itself. It also changes according to the gender of the object possessed. Thus, "mine" referring to my father would be δικός μου, but "mine" referring to my mother would be δική μου. Accordingly, "yours" referring to your father would be δικός σου but referring to your mother would be δική σου. The adjective δικός has a normal declension, i.e.:

δικός – ή – ό
          μου σου του της του
δικοί – ές – ά
          μας σας τους

3. PERSONAL PRONOUNS

In the subjective case (I, you, he, etc.), the personal pronouns are as follows:

Singular: εγώ, εσύ, αυτός, αυτή, αυτό

Plural: εμείς, εσείς, αυτοί, αυτές, αυτά

Because the verb-ending in Greek reveals the subject of the verb, these pronouns are not used as often as in English, e.g., ξέρω substitutes for εγώ ξέρω (=I know) or ξέρεις substitutes for εσύ ξέρεις (=you know). These pronouns will only be used (a) for emphasis on "who", e.g., Εγώ δέν ξέρω, εσύ ξέρεις (=I don't know, you know) or (b) for incomplete sentences, i.e., sentences without a verb, such as Εσύ and Εγώ όχι in the following exchange:

A: Ξέρεις σκάκι;   (=Do you know chess?)
B: Βεβαίως ξέρω. Εσύ;   (=Of course I know. You?)
A: Εγώ όχι.   (=I don't.)

In the objective case (me, you, him, etc.), the personal pronouns are as follows:

singular: εμένα, εσένα, αυτόν, αυτήν, αυτό

plural: εμάς, εσάς, αυτούς, αυτές, αυτά

These can be objects of a verb or objects of a preposition, e.g., Ξέρω εσένα, δίνω τὸ βιβλίο σ' εσένα (=σὲ σένα).

When they function as objects of the verb, these words can be shortened into:

singular: μέ, σέ, τὸν, τὴν, τό

plural: μᾶς, σᾶς, τοὺς, τίς, τὰ

The short forms must come before the verb, unlike the long forms, which come after the verb. Thus, ξέρω εσένα (=I know you) becomes σὲ ξέρω. The long forms will be used for (c) emphasis on "whom" or (d) incomplete sentences. E.g., (c) Ξέρω εσένα, ὄχι αυτόν. (=I know you, not him) or (d)

A: Ποιόν ξέρει η Μαρία;   (=Whom does Maria know?)
B: Εμένα.   (=Me)

As stated above, the short forms come before the verb, e.g., μὲ ξέρει (=he knows me), δὲν μὲ ξέρει (=he doesn't know me), μὲ ἤξερε (=he knew me), θὰ μὲ ξέρει (=he will know me), πρέπει νὰ μὲ ξέρει (=he must know me), etc. However, in the case of imperatives, these short forms come after the verb, e.g., πάρε με (=take me). When using the short forms, one is simply being non-emphatic, which accounts for the very frequent occurrence of these forms in the language. Thus, μὲ ξέρει is non-emphatic and ξέρει εμένα is emphatic. Another way to be emphatic is the combination εμένα μὲ ξέρει.

The long forms of the objective case (εμένα, εσένα, etc.) are also useful after prepositions. The most common prepositions are σέ (=to, in, at or on), γιά (=for, about), απὸ (=from, of, than), μέ (=with), χωρὶς (=without). Thus: σὲ σένα (=to you), γιά αυτόν (=for him, about him), απὸ μᾶς (=from us), μὲ εμένα (=with me), χωρὶς εμένα (=without me). Note that elisions will occur in the preceding examples: σὲ εσένα becomes σὲ σένα, γιά αυτόν becomes γι' αυτόν, απὸ εμᾶς becomes απὸ μᾶς, μὲ εμένα becomes μὲ μένα. However, χωρὶς εμένα will remain the same because of the final -ς of χωρὶς. Because of these elisions, the ε- at the beginning of the pronouns will disappear, and we will have:

εμένα – μένα, εσένα – σένα, εμᾶς – μᾶς, εσᾶς – σᾶς

Also note that the objective-case pronouns will follow not only simple prepositions as in the above examples, but also adverb/preposition combinations such as δίπλα σέ (=next to), μακριά απὸ (=far from), μαζί μέ (=together with). For example, we can have κοντά σ' αυτήν (=near her), μακριά απὸ μένα (=far from me), μὲ σένα (=with you).

The prepositions σέ (when it means "to"), γιά (when it means "for") and από (when it means "from") are very commonly used with objective-case personal pronouns, e.g., σέ μένα (=to me), γιά μένα (=for me), από μένα (=from me). For these three meanings there is an alternative set of short forms available, identical to the set of possessive adjectives:

singular: μού, σού, τού, τής, τού

plural: μάς, σάς, τούς

Thus, we can substitute: σέ μένα becomes μού, γιά μένα becomes μού, από μένα becomes μού. This μού, the exact meaning of which will be understood in context, must come before the verb. E.g.,

Δίνει τό βιβλίο σέ μένα becomes Μού δίνει τό βιβλίο (=He gives me the book)

Δίνει τό βιβλίο σέ σένα becomes Σού δίνει τό βιβλίο (=He gives you the book)

Θά αγοράσω τό βιβλίο γι' αυτόν becomes Θά τού αγοράσω τό βιβλίο (=I'll buy him the book)

Πήρα τό βιβλίο από σένα becomes Σού πήρα τό βιβλίο (=I took the book from you)

Θέλω νά πάρω τό βιβλίο απ' αυτήν becomes Θέλω νά τής πάρω τό βιβλίο (=I want to take the book from her).

An exception to the rule that short forms come before the verb is the imperative. E.g., Πές μου (=say to me)

The short forms carry a non-emphatic meaning. The parallel structures of "preposition + long forms" are used for emphasis or for incomplete sentences. E.g.,

A: Γιά μένα αγόρασες τό βιβλίο ή γι' αυτήν; (emphasis)
B: Γιά σένα. (incomplete sentence)

There is also an emphatic structure where εμενα is combined with μου and no preposition is involved. E.g., Εμένα μού έδωσε χρήματα. Εσένα τί σού έδωσε; (=To me he gave money. What did he give to you?) The full set of this emphatic structure looks like this:

Εμένα μού, εσένα σού, αυτουνού τού, αυτηνής τής, αυτουνού τού

εμάς μάς, εσάς σάς, αυτωνών τούς

The 3rd person words of the above set can be substituted by the actual names of people in the genitive case, e.g., Τού Νίκου τού έδωσε χρήματα instead of Αυτουνού τού έδωσε χρήματα.

To summarize the key points of the long vs. the short
personal pronouns:

(a) Βλέπω εσένα can become (b) Σέ βλέπω. Additionally, (c) Δίνω τό
βιβλίο σέ σένα can become (d) Σού δίνω τό βιβλίο.

Notice that in (a) and (b), εσένα and σέ are the objects of the
verb. But in (c) and (d) the object of the verb is τό βιβλίο
and σέ σένα or σού are called the "indirect objects" of the
verb, to distinguish them from τό βιβλίο, which is called the
"direct object". Remember that τό βιβλίο, if it became a
pronoun, it would be αυτό or τό. Consider the following
conversions: Δίνω τό βιλίο σέ σένα becomes Δίνω αυτό σέ σένα which
becomes Τό δίνω σέ σένα which becomes Σού τό δίνω.

In Σού τό δίνω we use short forms both for the "indirect object"
(σού) and for the "direct object" (τό) and we follow the
sequence: "indirect object short form + direct object short
form + verb". Consider the following examples:

Δέν τής τό είπα (=I didn't say it to her)

Δέν θά τού τό δώσω (=I won't give it to him)

Δέν θέλω νά τού τά δώσω (=I don't want to give them to him).

Finally, in the case of the imperative, the pronouns follow
rather than precede, e.g., Πές τής το! (=Say it to her!).

INDEX*

---

* The page numbers listed refer only to condensed information on the subject.